猫にまたたび　人にはキャリア

――仕事に活かすことわざ

毎田雄一
MAIDA Yuichi
キャリア・コンサルタント
（国家資格・2級キャリア・コンサルティング技能士）

猫にまたたび人にはキャリア

——仕事に活かすことわざ

毎田雄一

キャリア・コンサルタント
（国家資格・2級キャリア・コンサルティング技能士）

はじめに

私たちは、地域でも仕事でも、様々な人間の集団の中で暮らしています。なかでも、社会人にとっては、「職場」という集団が人生の中の大きなウエイトを占めています。

また仕事には、人間関係でぶつかることや、好不況の影響から従来の仕事の進め方を根本的に改めなければいけない局面がやってくるなど、様々な頭の痛い問題が起こります。

そして、それを苦に職場を去る人も出てきます。とりわけ多いのが、職場の人間関係を苦にした退職です。

実は、仕事を自己都合で退職する人の理由の第一位が、「人間関係の不具合」です（転職サイト「リクナビＮＥＸＴ」がまとめた「退職理由本音ランキング」の二〇一〇年七月二一日付け発表では、三九六名の回答のうち、約三〇パーセントに当たる一一七名が、社長・上司・同僚・先輩・後輩などへの不満を挙げています。これに「社風が合わない」の二三名を加えると、三五パーセントを超えるのです）。

職場においては、社員一人ひとりが、自分の担当する職務に求められる能力を向上させ続けることは言うまでもなく求められていることです。そして、それだけにとどまらず、組織の一員として、「職場の良好な人間関係を築く能力」もまた、企業で働く人にとって重要な能力の一つだと言えます。

そもそも、仕事や職場には、様々な問題や不具合が次々に発生するものです。もともと、考え方・価値観・生活習慣・育った時代の流行や環境などが、様々に異なる人々が集まって成り立っているのが職場というものですし、様々な問題や不具合が次々に発生することは避けられないことかも知れません。

企業、とりわけ製造業の企業では、「職場に問題や不具合があることは当然であり、それに気づいてひとつずつ解決していく」取り組みを改善活動、または品質管理活動と呼びます。「うちの職場はすべて上手くいっています」と言うと、「問題意識が無い」と見なされるような風潮も一部にはあるほどです。

私は、キャリア・コンサルタントとしてこれまで数多くの人々の転職に携わってきました。

転職理由をじっくり聞くと、「今の本人の状態からすれば無理も無いことだ」と共感できるケースがある反面、時には「もったいない。本人が壁を乗り越えて成長するせっかくの機会を、自ら放棄してしまった」と感じるケースも少なくないのです。

また、就職を目指す学生や、非正社員から正社員を目指す転職者のケースでは、「自分に合う仕事」「自分に合う職場」という言葉が使われることが多いです。もちろん、それは大事な観点です。でも、未経験の仕事や職場が、あらかじめ「自分に合っている」ということは稀です。ある程度は「自分から努力して合わせていく」という考え方も大事なのです。

企業の採用担当者は、転職希望者に対して「即戦力」という言葉を使いますが、現実には「入社した当日からの即戦力」ということではなく、「早く職場や仕事に馴染んでいける素質や姿勢がある」ということなのです。

さらに、「職場で後輩に指導する時、伝えたいことが理解してもらえない」という先輩社員の悩みもよく耳にします。その原因は様々ありますが、結局のところ、人と人とのコミュニケーションのスキルの問題だろうと私は思います。企業によっては、管理職の部下に対するコミュニケーションのスキルを向上させようと、コーチングというコミュニケーション手法の研修を継続的に実施してもいます。

キャリア・コンサルタントとして、私はそのような研修の講師を務める機会が多いのですが、研修の中で私は、諺《ことわざ》を取り上げることがあります。

キャリアというものは、人生や仕事を積み重ねてきた結果です。入社して間もない社員には、創意工夫や努力の継続によって成功体験を積み上げた仕事上の経験がありません。そこから得られる教訓を、まだ掴んでもいないのです。

そのため、ともすると、先輩が経験の中で掴んだ教訓からの助言を聞いても、後輩には実感がわきません。後輩に同じ経験が無ければ、先輩のアドバイスを聞いても、「言葉だけの理想論」とか「精神論」というように受け止めることだってあり得ます。

そこで便利なのが、諺《ことわざ》を引用することです。

世界中の国々で、昔から人々は人間関係に悩み、そして、集団の中で生きるための人間関係の「教訓」や「知恵」を、諺という形で後世に伝えてきました。

諺は、仏教（西洋ではキリスト教）、文学、故事、囲碁、俳諧などに由来するもの以外に、その出自の多くは、実は民間伝承です。生活の苦労の中からいつの間にか生まれて広まっていったものも多いのです。そして人々の間の共通の知恵として、人々によって現代にまで伝えられてきました。

諺が、時代・地方・文献によって、言い回しや解釈が多少変化するのはそのためです。職場で先輩が後輩にアドバイスをする際に、「○○という諺もあるけど……」と付け加えることによって、先輩のアドバイスは「単なる個人的な意見」という後輩の反発を和らげる働きが期待できると私は考えています。

諺は、短く、しかも語呂が良い形でまとめられています（わが国では、七五調・五五調・対比で言い切る形など）。

また、日本では、西洋からもたらされたトランプ（ポルトガル語でカルタ）を参考に、江戸時代、各地で諺の文字と絵を記したカルタがつくられました。大坂（大阪）、京都、尾張など各地でつくられたカルタの中には、子どもには決して見せられないような、大人が密かに楽しむカルタもあったようです。あるいは、世の中をかなりシニカルに捉える傾向が強いカルタもあります。

各地のカルタを蘇らせる試みも盛んですし、新たにつくられるご当地カルタもあります。そうした中、最も時代を超えて受け継がれてきた一般的なカルタと言えば、「江戸いろはカルタ」です。

これは、子どもにも大人にも楽しめる諺が集められ、現代社会においても人間関係のあり方の教訓にできると私は考えています。様々な地方を出て江戸に集まり、長屋などの狭い空間での人間関係を築いた江戸の人々の知恵がよく表れていると思うのです。

犬も歩けば棒にあたる（いぬもあるけばぼうにあたる）

江戸いろはカルタの冒頭に選ばれているこの諺はあまりにも有名ですが、この諺には二通りの意味があります。

一つは、用もないのにウロウロと外を出歩くと思わぬ災難に遭うから出歩くなという意味です。二つめは、まったく逆の意味で、用が無い時でも外へ出て活動すれば思わぬチャンスに巡り合うことがあるから出歩けというものです。

さて、言うまでもなく企業では、部署、仕事の役割の違いによって求められる行動が異なります。同じ部署でも各自の役割によって行動が異なります。成果を上げるために求められる部署ごと・役割ごとの行動パターンを「コンピテンシー」としてまとめている企業もありますが、部下や後輩を指導する管理職にとって、複数の部下に対してまったく同じ行動パターンを求めるわけにはいきません。

指示や指導をする際にも、部下に対して教育的に関わるコーチングを行う際にも、役割だけでなく、部下それぞれの性格の違いも考慮に入れる必要があります。さらに、好不況に応じた会社の経営方針の違いから、攻めの時と守りの時とでは、また異なります。

諺というものは、絶対的な法則や真理という性質のものではありません。それは、人々が少しでも世の中を楽に生きて、人とより上手く関わっていくための、人々の知恵や教訓が集まったものです。自分だけの狭い発想に固執して周囲と対立するのではなく、「世の中ってそういうものなんだなぁ」と自分の気持ちを納得させるためのものでもあります。その時々の気持ちの状態によって、必要な諺は違ってくるわけです。

諺を引用する際には、相手の気持ちや立場に合わせて、より相応しい方の意味の解釈を当てはめるのがよいでしょう。

私は、企業で働く人々、とりわけ管理職の立場の人には、「外へ出て活動することで思わぬチャンスに巡りあえ」という後者の解釈の方を勧めたいのです。一つの企業、一つの仕事の中で長く創意工夫をしてきた結果、企業が求める姿勢や仕事の進め方に精通する存在になって活躍するのは素晴らしい人間的な成長だと言えるでしょう。でも、その反面、そこには「慣れ」や「思い込み」という落とし穴も存在するのです。

つまり、「企業とはどこもこんなもの」「仕事とは自分の経験から言って、こうするのが一番正しい」という慣れからくる思い込みに、いつの間にか囚われてしまうという落とし穴です。

そして、「俺が若いときはこうだったのに、今の若者は何を考えているのやら……」と。残念ながら、それでは、刻々変化する世界や経済の情勢、そして人々の価値観の変遷にも柔軟に対応することが難しくなります。つまり、仕事の改善ができなくなってしまいます。

だから、管理職には、社外の異業種交流などにどんどん顔を出して、視野を広げ柔軟な視点を持ち続けることを求めたいのです。

企業で働くビジネスパーソン、後輩を指導する立場にある人、就職活動中の人、働くことの意味を知りたいと思っている学生に参考にしていただくことを願って、職場で使える諺や、仕事に悩んだ時に自分の気持ちを整理するための諺を集めました。

目 次

第二部　日々の仕事の様々な場面で使える諺 ……… 133

第一部　仕事の悩みを諺《ことわざ》で理解する

●ゆとり教育世代の特徴

二〇一〇年より、ゆとり教育を受けた、いわゆる「ゆとり教育世代」の若者が社会に出はじめました。

ところが今日では、ゆとり教育の見直しがなされ、二〇一一年度より学校教育の中身が、二〇〇〇年度に比べて一・七倍に増えます。これは、裏返せば、それ以前に戻ったのです。

ゆとり教育の義務教育課程では、都道府県は一県しか教わりません。また、縄文時代も教わりません。三内丸山遺跡がどこにあるのか、それはそもそも何なのか、学校の勉強だけをしていた学生は知らないのが当たり前なのです。〇〇県と言われても、地方都市を聞いても、よほどの観光地で無ければ知らなくて当たり前だというのが一般的です。

円周率は3・14らしいということは聞いたことがあっても、学校の試験問題では、「円周率は3」として計算することに慣れています。小学校の算数では、「電卓を使って計算しなさい」という問題が出されます。

英語では筆記体を習っておらず、それで英文を読み書きする習慣が身についていません。

こうした「ゆとり教育世代」と話をすると、穏やかで競争心があまり無く、「いい人」という印象を受ける若者が多いです。でも、知識の乏しさに、しばしば唖然とさせられることもあります。学校の成績が取り立てて悪かったわけではなく、有名大学の学生や公務員を目指して勉強中の若者にも、それは当てはまります。当然、個別に見れば個人差はあるものの、全体的にそのような特徴を持っていると私は感じます。

日本の国の教育方針がそうだったので、それは彼らの責任とは言えないでしょう。でも、これから社会に出る彼らには、ぜひ伝えたい諺があります。言葉が悪くて申し訳ないのですが、自分たちが

団栗の背比べ（どんぐりのせいくらべ）

をした世代だと思ったほうがよいでしょう。そして、受けた教育が特殊なものであったことを自覚して欲しいのです。

井の中の蛙大海を知らず（いのなかのかわずたいかいをしらず）

日本が若者にゆとり教育を施している期間、日本と同様に資源が乏しく国土が狭いアジアの国々は、「人材こそ武器」と自覚して、若者の教育に力を入れ続けてきました。

ゆとり教育を受けた世代は、二〇世紀に教育を受けた世代や今後教育を受ける世代との遅れ、そしてアジアの周辺国の若者に目を向けて、追いつく努力をすることが求められます。今後の彼らの気づきと成長を期待して、また、先輩社員たちの理解を期待して、私はそう言いたいのです。

さらに、今日の学生が強いられる就職活動期間の長さもまた、教育を犠牲にしています。一九九七年に就職協定が廃止されて以来、企業の採用日程は早まる一方です。四年制大学の場合、三年になると同時に、自分の適性や経歴を整理する「自己分析」に取り組み、就職支援サイトに登録をします。そして企業に応募して夏休みにインターンシップに参加します。九月には合同企業説明会が始まり、企業へのエントリー（志望意志の連絡）を開始します。一〇月には、早い業界で採用選考が始まります。そうして始まった就職活動は、短くても翌年のゴールデンウィーク頃まで続いていくのです。ただし、内定が得られない学生はその後も延々と就職活動にエネルギーを割くことを余儀なくされます。

私が大学院のキャリア支援室でキャリア・カウンセリングを担当していた際には、二年制である修士の学生は、入学してまもなくで、相談に訪れます。短大の場合も同様でしょう。

入学と同時に将来の仕事を意識して、しっかりと学ぶための相談というのなら大賛成ですが、現在の企業による早期の採用活動はそれを許しません。大学院の相談で一番多かったのが、一年次の夏や秋に接触する企業から、「大学院でどんな研究成果をあげたのか説明してください、と問われることが多いが、どのように説明すればよいのだろうか」というものでした。私は、カウンセリングの中から一人ひとりに合わせたアドバイスを行いましたが、そもそも一年次の前半にそうした質問をするのは、どうかと思います。そうした説明をきちんと聞きたいならば、採用日程を一年は遅らせなければいけないはずですが。

日本貿易会（商社の業界団体）は、「長期間の就職活動を学生に強いることは、国力の低下につながる」と主張していますが、もっともなことだと私は思います。経団連はじめ他の経済団体でも採用日程を遅らせる動きを見せています。

しかし、現状はこういう状況なのです。企業で働き始めてからは、自分が納得できなかったり苦労を強いられたりする仕事であっても、やり遂げなければならないということが多々あります。ましてや、仕事は一つずつ片付けていくというよりも、時には複数の仕事を同時にこなさなければならないことも多いのです。就職活動中の学生は、今の就職活動でそうした力を身につけているのだととらえて、頑張りぬいてもらいたいと願っています。

ところで、この世代に対して私が危惧する重大な点がもう一点あります。それは、「ゆとり教育世代」は、同時に「Ｙａｈｏｏニュース世代」でもあるということです。

簡単に効率よく知識を得るためにインターネットを使いこなす彼らの中には、新聞ではなくインターネットのニュースに目を通して、世の中の出来事を知っていると勘違いをしている若者が多いことが気になります。新聞のニュースは、紙面の配分、つまり記事のスペースの大小に意味があり、かつ、一見別々に起きているように見えるニュースの関連性にも気付けるという特長があります。また、興味が無いニュースでも自然に目に入るし、コラムや解説など、異なる意見の併記が行われている点でも特長があります。お気に入りのニュースサイトやブログをブックマークして読んでいても、新聞には到底かなわないのです。

過日、競争率の高い就職先を目指している若者のための集団討論演習の指導を行った場面で、私は問いかけました。「二〇〇九年に大流行した新型インフルエンザをどのように教訓化するか」と。すると、その場にいた若者たちは、「もう終わったことなのに」とか、「日本では死者が多くなくて良かった」とつぶやきながら、討論に困っていました。

これが「Ｙａｈｏｏニュース世代」の特徴です。

新型インフルエンザは、感染力が極めて強かったものの、弱毒性だという特徴を持っていました。ただし、インフルエンザのウイルスには、極めて変異しやすいという特徴があって、懸念されるのは、致死率が極めて高く強毒性の「鳥インフルエンザ」が、人から人への感染力を強め、日本に上陸するという近い将来懸念される事態への対応です。二〇〇九年の新型インフルエンザに際しては、上場企業のほとんどは、既に作成済みのマニュアルをもって対応しました。マニュアルの作成が遅れていた中小企業でも、新たに作成して対応した企業が多く見られました。しかし、懸念される強毒性のインフルエンザの上陸に対しては、果たして現状のマニュアルでよいのかどうか、今は検証すべき時期です。また、日本人の患者には、「インフルエンザ脳症」という死亡率の高い特有の症状が発生することがあるため、インフルエンザを軽視するわけにはいかないのです。

新聞を読んでいる人にはそうした認識が身に付くことは容易ですが、残念ながらインターネットの最新ニュースをサーフィンしているだけの人には身に付けることは難しいでしょう。

さて、企業の管理職の皆さん、少子化の日本において、今後少なくとも一〇年間は、こうした若者を部下に持ち、戦力化すべく育てていく役割を皆さんは負っています。彼らの戦力化に成功した企業が、国内と海外での競争に勝ち抜いて発展してゆくと言えるでしょう。

案ずるより産むがやすし（あんずるよりうむがやすし）

彼らの教育には、あれこれ思い悩むよりも実践してみることです。若者は国の宝であり、将来の希望です。それを忘れずに接して欲しいと思います。

●経験者採用の経験って何年？

バブル経済の崩壊後に長く続いた「就職氷河期」が、今世紀の一時期を除いて再び訪れています。

大学生達は勉強もそっちのけで、早い時期から就職活動の準備を始めるものの、中には残念ながら内定を得られない学生もいます。やむなく卒業を半年延ばすという選択をする学生も中にはいますが、そうしたところで年度半ばの企業から「新卒」として採用される保障は確かなものとは言えません。また、景気の良い時期には形式的な色合いの濃い入社後の「試用期間」ですが、今日では、期間の終了と同時に正式採用を取り消されて退職させられる若者もいます。むしろ、就職支援の現場ではそうした若者に数多く接してきました。彼らは、もはや「新卒」扱いも「経験者」扱いも難しい立場になってしまうのです。

ほとんどの日本の企業は毎年、年度当初には新入社員研修を実施するものの、年度途中の採用者は「経験者」として扱って手厚い研修を施さない企業が多いからです。「経験者」というのは、企業によっても差はありますが、一般的には三年から五年の経験を指します。

そこで、政府は「青少年雇用機会確保指針」の改正を行ないました。「既卒者も三年間は新卒としての扱いを」と、補助金を出して企業に呼びかけています。指針という呼びかけによって効果は果たしてあるのだろうかという疑問を抱いていたところ、そうした採用にシフトした企業が大企業を中心に着実に増える動きをみせています。ただし、四月入社の場合なら問題はないでしょうが、期の途中に採用した新入社員に対する研修をどうするか、という課題は残るでしょう。

企業に望みたいのは、従来のやり方を改め、働く意欲はあっても仕事に恵まれないこうした膨大な数の若者たちを育てて戦力化するための工夫です。少子化の日本にあって、従来からのやり方を改める企業が増加していくことが、日本の国力の増大にもつながるはずです。所得の低い非正規社員（被雇用者の三人に一人の割合）ばかりでは、国民の購買力も上がらず、デフレ脱却や消費拡大・内需拡大は難しいでしょう。

そうした厳しい雇用情勢の中にあっても、それぞれに事情はあるものの、転職を目指して退職するケースが少なくありません。目立つのは、介護職や保育士など福祉分野でやりがいをもって働き続けた男性が、三〇歳前後で結婚相手と出会い、収入を増やすために転職をするケースです。残念ながら、福祉分野の収入は全体的にはそれほど高くはないからです。

それ以外のケースでは、転職にあたって考慮して欲しいことが二点あります。

一点目は、統計的に見て、転職によって収入が下がるケースが多数派だということです。三〇歳の人で転職によって収入が上がる割合は約三〇％ですが、それよりも年齢が上がるにつれて、その割合は低下します。

二点目は、転職に際して志望先から、「経験者」もしくは「我が社の仕事に経験が活かせる」と前職の仕事の評価を受けるには、一般的に三年間から五年間従事した経験が必要だということとです。もちろん例外はありますが、冷たい石の上にも三年も座り続けていると暖かくなるものだ、ということの諺は転職に際しても肝に銘じて欲しいのです。

石の上にも三年（いしのうえにもさんねん）

また、これは、ただ三年間じっと辛抱をするという意味ではありません。

企業の一年の活動を簡単に記してみましょう。新たな年度が始まると、前年度末に組んだ予算に基づいて各部署が業務を開始するともに、財務課は前年度の決算作業に着手します。人事課は新入社員研修に加えて、翌年度新卒採用の面接や、夏休み学生向けインターンシップの受け入れ準備に追われます。多くの企業は第一・四半期（四月から六月）の終わりに株主総会を迎え、第二・四半期で活動をますます本格化させます。中間決算を経て第三・四半期と第四・四半期には目標達成を目指すと同時に、翌年度の方針・予算の作成と社内のすり合わせを繰り返します。

こうした一年の流れの中で、社内・外の状況の変化に対応しながらも、自部署の目標達成のために創意工夫を続けることが社員に求められます。また同時に、現在多くの企業では成果主義が導入されていることから、個人目標の設定と達成も意識しなければいけません。

恐らく、あっと言う間に一年が過ぎていくような感覚を持っている会社員が多いのではないでしょうか。初めての部署や業務に就いた人にとっての一年目は、知らなかったことばかりを経験することになるでしょう。そして、納期までに仕事を終わらせることに多くのエネルギーを使うことでしょう。

二年目でようやく、部署や業務に自分の心身のペースが慣れていくと同時に、業務の改善を行う余裕が出てくるでしょう。三年目には、社内における自部署の位置づけや本来求められる役割がようやく明確に認識でき、社内の会議に出席すると創造的な発言ができるようになります。コスト意識（使うべき経費と削減すべき経費や、「費用対効果」を判断した原価管理）も目覚めてくるでしょう。

また、三年間を振り返ってみた時に、幾多の苦労を乗り越えながら積み重ねてきた貴重な経験や、得てきた知識・人脈・資格などが積み重なり、自分が確かに成長してきたことが感じられることでしょう。

これはあくまで一例を説明したに過ぎませんが、仕事で経験する三年間というものは実に重いものです。私たちキャリア・コンサルタントの世界には「仕事だけが人間的な成長をもたらすことができる」と唱える者もいるほどです。その真意は、責任ある逃げられない社会的な立場に身を置くことで、人間は社会的な存在として大きく成長できるということです（子育てや家事や地域の役職も同様です。念のため）。

商売の世界にも同じような意味の諺があります。

商い三年（あきないさんねん）

商売というものは三年続けなければ儲けが出ないものだから、三年は辛抱しなければいけない、という戒めです。「商い（あきない）は飽きない（あきない）だ」という戒めもあります。人生も仕事も山あり谷ありです。焦らず、時には

果報は寝て待て（かほうはねてまて）

という辛抱強さも必要です。これは、本当に何もせずに寝ているということではなく、幸運を

得ようとするならば、すべきことを続けながら決して焦らず、運を天に任せてその成果が花開くのをじっと待つのがよいという意味です。幸運はいつか必ず訪れるものだと、自分に言い聞かせて頑張りましょう。

●仕事の苦労をどうとらえるか？

大切なわが子にだけは苦労をさせたくないと、自分が頑張ってしまうのが親心ですが、それでは子どものためにならないという意味の諺があります。

世間の苦労や、社会人として幾多の壁を乗り越えて成長していく姿勢など、生きていく上で必要な知恵の数々を知らないままに就職をした若者は、大変な荒波にさらされているということは誰でも理解できるでしょう。特に今は厳しい荒波です。

可愛い子には旅をさせよ（かわいいこにはたびをさせよ）

楽しい旅ではなく苦労させせろという意味です。人は世間の苦労を味わいながら生き方を見出していくものです。つまり、守られて自分のことを中心に考えていればよい存在から、世間との接し方・折り合い方を身につけるという成長を果たして社会人となっていけるのです。

私が住んでいるのは、北陸の石川県です。大リーガーの松井秀喜選手は私の小学校と中学校の後輩に当たります。松井秀喜の実家（能美市山口町・旧根上町山口町）から小学校までの距離は、恐らく彼の同級生の中でも一番遠いと思われます。でも彼は、その通学路を六年間、自分の足で通い続けたそうです。北陸なので、晩秋から春にかけては風雨や雪など嵐の日が多いのですが、彼の通学路は、荒れる日本海のすぐ近くを、海岸線に平行するようにして伸びています。

松井秀喜に限らず、遠くから小学校に通う生徒の中には、私の同級生でも陸上競技が得意な強脚の子どもがいました。

夏は日向を行け冬は日陰を行け（なつはひなたをいけふゆはひかげをいけ）

という諺があります。厳しいことを言っていますが、人間は人生の中で次々に経験する苦労を避けることばかりを考えずに、それに向き合って乗り越えようと苦闘したり耐えたりすることで成長していくものなのだと、私は思います。

時代はどんどん変わり、子どもたちを取り巻く環境もどんどん変わってきました。自ら苦労を知りたくましく育った世代と異なり、中には、「かわいい子には旅をさせよ」を充分に与えられてこなかった人もいるでしょう。でも、厳しい世間を渡るには、いずれどこかの段階でそうした経験をすることは、人として必要なことです。

職場において若者を戦力として育てる際には、

若い時の苦労は買ってでもせよ（わかいときのくろうはかってでもせよ）

という関わり方が不可欠でしょう。若い時に苦労をした経験はいずれ役立つから、積極的に自ら苦労を求めたほうがよい、という意味です。

ただ、叱られ慣れておらず世間の荒波に揉まれた経験も乏しい彼らを、いきなり無意味に谷底に突き落とすような真似はよくありません。それでやる気を覚える若者も一部いるでしょうが、すべてではないのです。後輩を指導する際に肝心なのは、言うまでも無く、

好きこそ物の上手なれ（すきこそもののじょうずなれ）

という観点です。つまり、自分が好きなことに対しては自然に熱心になって上達するのであって、脅して無理やり嫌な仕事をやらせるという発想では、人は育ちません。本人が任された仕事の意義を理解し、「やりがい」を感じることができれば、責任感や創意工夫は自ずと生まれていきます。そして成果に結びついたときには達成感を味わい、本人の貴重な成功体験となっていくのです。

今日、成熟した先進国の市場よりも、成長著しい新興国・発展途上国の拡大し続ける市場への参入に世界中の企業がしのぎを削っています。企業の継続的な発展を担う若者の育成は、当然、そうした環境下で勝ち抜ける人材としての育成でなければいけないでしょう。

「日経ビジネス」二〇一〇年五月一四日号によると、ＬＮＧをはじめ、大型プラント建設を手がける千代田化工建設株式会社は、若手新人技術者を気温が五〇度のカタールや、マイナス三〇度のサハリンなどの現場に三カ月間派遣する体制を取っているそうです。中には、一〇月から九カ月間という寒い時期にサハリンに滞在した女性技術者もいます。同社のサハリン２の総責任者・小林秀夫常務執行役員は、「新人であっても、厳しい現場の仕事を担当させる。プラントが完成した時の感激、仕事の醍醐味を味わえば、人は育つものだ」と、同誌で語っています。

過去五年間に同社に入社した一九三人の若手社員のうち、退職者はたった三人しかいないということです。その三人は結婚などの家庭の事情のためで、転職のための退職者はゼロです。

スイスにある世界的なビジネススクール「国際経営開発協会（ＩＭＤ）」が発表した「二〇一〇年度版国際競争力」によると、国際競争力の一位・二位・三位は、シンガポール・香港・アメリカという順位です。オーストラリアが五位、台湾が八位、中国が一八位、韓国が二三位というランキングになっています。日本は、二六位のタイに次ぐ二七位という位置です。

国際競争力というもの自体を疑問視する議論もあるのですが、ヨーロッパからの視点で見る世界での日本の位置づけの一端を感じ取ることはできるはずで、参考になるでしょう。

同調査は、「企業の効率性」「政府の効率性」「経済のパフォーマンス」「インフラ」に関して三〇〇以上の評価項目を設けて調べられたものです。かつては、日本が一位とされたこともありました。「日本の強みはモノづくり」だと言われますが、それを担ってさらに強くするのは、まぎれもなく〝人〟です。

企業の三大資源は「ヒト・モノ・カネ」だと言われますが、「ヒト」は本来別格であるべきではないでしょうか。資源が豊富で国土が広い国ですら人材育成に力を注いでいる世界の潮流の中、日本では他の国を上回るほどの教育が行われていても良いはずです。教育は何も学校だけの役割ではありません。家庭や地域もまた教育の場です。

そして企業も。トーマス・エジソンが一八九〇年に創業したゼネラル・エレクトリック（GE）社は、人材育成に並々ならぬ力を注いでいることでも注目を集めています。

●企業が求める人材とは？

ある金融機関の採用担当者が言っていた話ですが、「七〇年代までは金太郎飴のように素直でまじめな人材を求めていた。八〇年代になって企業の海外進出が本格化すると、個性派と呼ばれる人材が求められた。今はサッカープレイヤーのような人材を求めている」という話を聞いたことがあります。確かに当たっていると、私は思います。

一律に素直でまじめな人材像を求めるなら、一〇〇〇人の従業員がいても壮大な一人分の知恵でしかありません。八〇年代の「個性派」ですが、企業が求める個性とは、「集団の中での責任感を伴う個性」のことです。自分のことしか考えない個性派だとしたら、組織には馴染みません。

サッカープレイヤーは、集団の中にあって瞬時の判断力を伴って個性を発揮します。チームとしての勝利のために自分の能力を最大に発揮しようとします。チームメイトや監督にも自分の強みを知らしめています。また、チーム全体の動きの中で自らが取るべき行動が分かっています。そのためには日頃の自己研鑽を怠りません。

このような人材が今日では正規採用の対象とされ、七〇年代や八〇年代に求められた人材は非正規社員として採用される傾向があります。

企業は人材選びにかなりのエネルギーを費やしているわけですから、そうして採用した新人が持つ多様な能力や価値観を活かす必要があるでしょう。

人を育てる「コーチング」というコミュニケーション手法や、知恵を集めるミーティング手法である「ブレイン・ストーミング」など、企業のコミュニケーション・スキルにますます磨きをかけて欲しいと思います。

成果主義の導入に伴って、「コンピテンシー」ということが注目されて久しいです。コンピテンシー、つまり、部署ごとの職務や職位には、それぞれに応じて異なる「業績を上げるための行動パターン」があります。多くの企業の採用は、その企業の長・中・短期の経営計画と財務状況に照らして行われるとともに、どの部署にどれくらい人を配置するのかが意識されているはずです。

すなわち、採用基準が同じような一律のコンピテンシーに基づいて行われることは不自然だと言えます。多様な能力や価値観の人材を求めているのでなければ、おかしいではありませんか。

ところが、学生で企業の内定を取れる学生が、一人で幾つもの内定を得る反面、一〇〇社近く企業に応募しているのに、なかなか内定が得られない学生もいるという現象が起きています。企業によっては、どの応募者にもやたらと「リーダーシップ」についてしつこく訊くような企業もあります。

船頭多くして船山に登る（せんどうおおくしてふねやまにのぼる）

という状態に陥らなければよいのですが。つまり、指図したがる人が多くて方針が定まらず、物事が目的から外れた方向に進んでしまうという意味です。

人間の性格は言うまでもなく様々です。自分が出しゃばるのを嫌い、人を優先させようとする性格の人もいれば、常に人をリードする性格の人もいます。冗談を言い合いながら仕事をすることを好む性格の人もいれば、静かに集中して仕事をすることを好む性格の人もいるのです。

そして、それらは、いずれも集団の中では互いがもつ欠点を補い合っています。先頭を歩く人も必要ですが、先に歩いた人が落としたものを拾いながら歩く人も必要です。皆を盛り上げるムードメーカーも必要ですが、目立たなくても着実に仕事の功績をあげる人も、とても役に立ちます。つまり、

縁の下の力持ち（えんのしたのちからもち）

ということです。

ピンチに際しての咄嗟の判断力を見ようとするのか、応募者にプレッシャーを与えるような、いわゆる「圧迫面接」をする企業もあります。でも、圧迫面接に弱くても、実は燃えるようなやる気と応募の必然性を内側に秘めた応募者もいるのです。カウンセリング的に面接を進めなければ、そうした人材を見抜くことはできないでしょう。

そもそも仕事をする時の性格で、どの性格が一番優れているかを問うたりするのは、愚問です。互いに至らないところを補い合うのが組織の良いところなのですから。

また、正規採用を目指しながらも、現在非正規雇用で働き続けている人に伝えたい諺があります。

踏まれた草にも花が咲く（ふまれたくさにもはながさく）

ということを信じて欲しいのです。逆境にある人も、いつかは栄える時がくるという意味のこの諺を心に留めて頑張り続けてください。同じ時代が永遠に続くことはないと、信じてください。そもそも、恵まれた境遇の人に比べて「忍耐力がある」という誇れる強みを身につけている、と言えるのですから。

忍の一字は衆妙の門（にんのいちじはしゅうみょうのもん）

つまり、忍耐こそがすべての始まりで、成功への入口だということです。忍耐を身に付ければ、どんなことでも可能になると言えます。そのことを大いに武器にして欲しいのです。

企業の中途採用で、非正規雇用で働いてきた人は確かに不利になります。「年相応の能力を身につけていない」と見なされることが多いからです。でも、それを知ったうえで、さらにその不安を上回るような強みや人間的な魅力を身につけていればよいのです。就労期間のブランクがある人はさらに不利です。しかし同様に、その過去から学んだ教訓を強みに変えて欲しいと思います。

人間誰しも、失敗したり挫折したりすることはあります。

七転び八起き（ななころびやおき）

のたくましさを身につけましょう。人生は困難の連続ですが、何度失敗してもくじけずに勇気をふるって立ち上がろう、という教訓の諺です。

働く意欲を応募先の企業に示すために、職業訓練を受けるという手もあります。ただ、残念ながら、現在国が転職者のために実施している職業訓練の多くは、かなり初歩的なレベルであって、企業が求める即戦力のレベルではありません。

だから、職業訓練を受けただけで安心するのは禁物です。「企業にアピールできる技能を身につけた」と勘違いしてはいけません。そこから得られる最大のものは、「姿勢」なのです。仕事に就きたいという姿勢や、職業訓練を最後まで受けたという継続力や工夫した点などを、志望の動機や面接でアピールしなくてはいけません。

企業への応募は、

当たって砕けろ（あたってくだけろ）

では結果が出にくいのです。成功するかわからないけれども、とにかく思い切ってやろう、という意味です。でも、成功するという確信も持てないままに、つまり準備不足のままに応募を繰り返して、その結果が不採用の連続では、心まで折れてしまいかねません。

下手な鉄砲も数撃ちゃ当たる（へたなてっぽうもかずうちゃあたる）

のまぐれ当たりを期待することも、人生ではたまにには必要です。でも、就職という人生の重要な局面において、それでは困ります。必ず成功させるための準備があるほうがよいのです。まぐれで入社したとしても、後々大きなギャップを感じてしまうこともあるでしょうから。

やはり企業に応募する際には、「自己分析」というのですが、自分の経験を整理し、そこから何を掴んだのか、つまりどんな教訓や自信や応募先の仕事に活かせる強みを得たのか、ということ、そして、今後どのようにその企業を発展させたいと思っているのかを、前もって整理してから望むべきです。

泥棒を捕らえて縄を綯う（どろぼうをとらえてなわをなう）

ではだめだということです。つまり、急場に臨んでから慌てて対策を立てても間に合わないという意味です。就職活動は、まさに仕事を遂行することと同じです。準備を怠れば成果が出にくいのです。企業が正規雇用で求めるのは、「猫の手」ではなく「戦力となる人材」なのだということを、忘れてはいけません。

●世間で言う企業の下積み期間の意味

学生の就職カウンセリングを行っていた時に、ある学生がふと、こんなことを漏らしました。

「私はメーカー企業の設計技術職を志望しています。志望の動機欄にもそのように記載しています。でも、企業に入社しても必ずしもその希望が叶えられないと聞いたことがあります。営業とか製造とか、希望していない部署に配属になるくらいなら、確実に設計の仕事ができるように派遣社員になった方がよいのではないでしょうか」

そのような選択もあるかも知れません。しかし、この学生は勘違いをしているのです。

メーカー企業に入社して、いきなり設計の仕事ができるものでしょうか。その企業が、どのような原材料を仕入れ、どのように加工して製品に仕上げるのか、どれくらいの製造能力や製造技術を有しているのか、どれくらいのコストを掛けて製造しているのか、得意先はなぜその企業の製品を選んでくれるのか、などを知らないで行う設計って何でしょう。それは「CAD

オペレーター」でしかなく、設計技術者ではありません。そもそも、設計段階で製品原価の八割が決まると言われます。責任は重大です。自社の経営方針や事業計画を理解した上で、品質・納期・コストのいずれも踏まえた設計をするのが、プロの設計技術者です。

製図ソフトであるＣＡＤが使えることと、設計ができることとは意味がまったく違うのです。メーカー企業で「設計技術者」となるには、一般的に五年は掛かると言われます。そして、そこからさらに五年の経験を積んで「開発技術者」と呼ばれるまでに成長すると言われるのが、この分野です。

それに対して派遣社員は、確かに入った初日から設計の部署に配属されてＣＡＤソフトを扱います。ただし、大半は短い契約期間中に補助的な業務に従事することが中心にならざるを得ません。

同じように、簿記の資格があるというだけでは、企業の経理や財務の仕事ができるということにはなりません。企業のお金の流れの中のどこに削減可能な無駄があるのか、各部署が組んだ予算の執行が経営計画に照らして妥当なのかどうか、金融機関からの融資と返済は現状で妥当といえるのかどうか、などの判断は、社内の幅広い部署の業務の流れを知らなければできないことです。また、決算の作業はできるとしても、目標とする決算の数字を実現するためにはどこに手を打たなければいけないのか、という判断、つまりコスト管理・原価管理も、経験を積んでいない社員にできることではありません。

実際の企業では、経理や財務の担当社員が簿記の資格を持っていないことも珍しくありません。確かに「資格を取った」というのはスタート地点に立っていることであるし、また資格取得に向けて一定期間の努力を継続させたということの証でもありますから、誇りに思ってよいでしょう。しかし、企業の業務ではそれに加えて、「仕事に対する姿勢」や「経験」が物を言うのです。

そういうケースはいくらでもあります。パワーポイントやワードが使えるということと、経営判断に耐えうる企画立案ができることとも また、別次元の話です。

私は、二〇代で「地域で一番」を目指すサービス業に従事し、三〇代で「世界で一番」を目指す製造業の企業に転職しました。理系や工学系ではなく、経験も無かった当時の私にとって、製造業への転職は一般的に考えると不利なことでした。では、当時の私は何を自分の「売り」にしたかと言えば、サービス業店長として経験した労務管理や計数管理、競合店対策などの実績と、わずかばかりの語学力でした。

私は、「御社の海外市場を新たに切り開くべく海外勤務がしたい」と面接で訴えたのです。

そして採用になったわけですが、面接の最後に人事部の採用担当者から「配属先は営業がいいですか、製造がいいですか」と尋ねられました。私は製造への配属を希望しました。それもそのはずで、製品のことや顧客のことを一切知らないで海外へ行ったとしても、仕事になるわけがないでしょう。

そうして工場での勤務を始めた私は、その後一年四ヶ月間、製造や製造業の品質管理を経験しました。不慣れな中、注意不足から労災に遭ったこともありました。その時は心身ともに辛かったのですが、当時の私のすべての経験は、「海外勤務がしたい」という目標を実現させるためだと、自分に言い聞かせました。

千里の道も一歩より始まる（せんりのみちもいっぽよりはじまる）

労災は辛い経験でしたが、私はこの諺で自分を支えました。遠大な道を進むには、まず着実な一歩を踏み出すことから、という意味です。

私は、定時後に社内の「英会話サークル」や「中国語サークル」に顔を出し、社長室や人事部に人脈を広げました。社内論文や社内標語の募集、改善提案やＱＣ（品質管理）サークルなどにも力を入れ、本社の全体朝礼で表彰されたりもしました。

自分が出来ると思うこと、得意だと思うことには躊躇せず、積極的に自ら手を挙げて取り組み、社内で自分の存在をアピールしたのです。途中入社で他の社員にあまり知られていないというハンディを、当時の私は何とか克服しようとして、内心では必死でした。

ところが、わたしは結局、海外勤務をしませんでした。後に出された全く別の方向の「社内公募」に応募したのです。会社が掲げるビジョンを実現させる部署として新設された「コミュニケーション・デザイン研究室」の研究員になることを望んだのです。

私はそこで、他の企業や行政機関などでの情報収集やコンサルタント業務を手がけ、執筆や講演を行う機会にも恵まれました。企業の社員や行政の職員への研修はその頃から行っています。研究室はやがてシンクタンク的な特徴を帯びていき、都市計画・まちづくり・公共施設の計画などの業務も行うなど、年々幅を広げました。

私が働いていたのは、建物の内部空間をつくる際に用いられるパーティションのトップメーカー・コマニー株式会社（本社は石川県小松市）ですが、当時の従業員数が約一〇〇〇名でしたので、大企業と中小企業の両方の特色を兼ね備えていたと言えます。この企業で学んだことは、私にとって貴重な財産になっています。

高きに登るは低きよりす（たかきにのぼるはひくきよりす）

物事には順序があり、手近なところから始めて一歩ずつ堅実に進めていかなければ目標は達成できないという意味です。

振り返って私が感じるのは、「山を少しずつ登るにつれて見える景色が変わり、感じ方も変わっていった」ということです。就職を前にした学生は、希望の企業や仕事をイメージするでしょうが、入社して実際に仕事に取り組んでみると、多くの点で自分の事前のイメージが違っているということが多いと思います。

百聞は一見にしかず（ひゃくぶんはいっけんにしかず）

ということがあるのです。人によっては、思っていた仕事を実際にやってみることによって、全く別の新たな方向性が見つかってくるということもよくあることです。機械の操作が好きで製造の業務に従事しながら、やがて工程管理や資材調達（購買）、生産技術や設計などに対するやりがいを見出して、異動を希望する人もいます。

ところで、米スタンフォード大学のジョン・D・クランボルツ教授が提唱したキャリア理論に、「計画された偶然性」というものがあります。「目標を定めて行動を積み重ねていると、キャリアの予期せぬチャンスが、人からもたらされる」という意味です。

だから、無駄な仕事かどうかは本人の気持ち次第であって、本来は無駄な仕事というものは何一つ無いないのです。すべてが良い経験の積み重ねとなって、いずれ花開くのですから。

躓く石も縁の端（つまずくいしもえんのはし）

つまずいた石でも、多くの石がある中のたった一つが、縁あって自分をつまずかせたのだと解釈しましょう。どんな些細な事にも意味があると考えて、その縁を大事にしましょう、ということです。

また、実力も無いのにいきなり身分不相応な地位に上がると、えてして足をすくわれる、という意味の諺もあります。コツコツいきましょう。

桂馬の高上がり歩の餌食（けいまのたかあがりふのえじき）

●業務上の対話を恥ずかしがっては損

各地で研修や講演を担当させていただくと、その参加者の感想を事後に主催者から受け取ることがあります。目を通せば、共感していただけた点や疑問を感じさせてしまった点などが読み取れて、私の更なる精進に少なからず役に立っています。

しかし、残念な感想も多々あります。それはどういうことかと言えば、質問が書かれたものなのです。研修や講演の時間の終わりには、たいてい質問の時間があります。研修の場合には質問をする機会がいくらでもあるはずです。それが、もはや返事のしようが無い事後の感想の中で書かれるのです。

これは戸惑います。なかには、答えを聞きたいわけではなく疑問を呈したいだけというものもあります。でも、どう見ても答えを求めているとしか思えない質問が書かれていることも多

いのです。なぜその場で質問をしてくれなかったのか、と歯がゆく思っても

後の祭り（あとのまつり）

です。つまり、手遅れだということです。

人前で手を挙げて質問や発言をすることが苦手な人が少なくないことは理解しています。でも、損をしていると言えませんか。しばしば、研修や講演が終了して参加者が帰り始めた時、出口に向かう人の流れとは逆に演台に歩み寄り質問をしてくる人もいます。これはまだましでしょう。でも、申し訳ないことに、常に終了後のこちらの時間に余裕があるとは限らないのです。

聞くは一時の恥聞かぬは一生の恥（きくはいっときのはじきかぬはいっしょうのはじ）

という諺があるところを見ると、昔からそういうケースが多かったのでしょう。でもこの諺は、勇気を出して聞きましょうと、それを戒めています。

性格は人それぞれですからプライベートな場面では仕方が無いとしても、給料を受け取って

働くプロの世界である仕事上はそれでは困ります。

私は会議で議長役を務める機会もありますが、閉口するのは、会議が終わって解散してから意見を伝えに来る参加者が時折いることです。相互に意見を述べ合い、相互に違いと共通点を理解しあった上で、既に決定が下されてしまっています。その時に意見を聞いても、もうどうすることもできないのです。

仕事は、疑問な点を曖昧にしたまま進めるわけにはいきません。職場においてチームワークを発揮するには、皆が正しく状況を理解しあっていることが必要です。だからこそ、「恥ずかしいから聞けない」というのは許されないのではないでしょうか。

どんな企業でも、報告・連絡・相談という社内の意思疎通を、とても大事にしているはずです。相手に尋ねにくいときの知恵の一つとして、「クッション言葉」を使うという工夫があります。つまり、単刀直入に質問をするのではなく、「失礼ですが……」「恐れ入りますが……」という言葉を添えた上で相手に質問をしたり自分の意見を述べたりするという、ビジネスシーンでは日常的に使われる工夫です。職場の上司や同僚と連携して仕事を進める上でも、ぜひその時々のシーンに合う「クッション言葉」を使ってもらいたいと思います。

相手が忙しそうならば「お忙しいところ申し訳ありませんが……」が使いやすいですし、自分の発言が生意気だと取られかねないと思えば「僭越ですが……」とか「とてもよく分かりましたが、一点だけお聞きしてもよろしいでしょうか」などが便利な表現です。ただ、「お言葉ですが……」は喧嘩を売っているととらえられやすいので、気をつけましょう。

浮世渡らば豆腐で渡れ（うきよわたらばとうふでわたれ）

という諺もあります。世間をうまく渡っていくには、外見はまじめで内面は柔軟な心をもつこと、という教訓です。人間としての品格を感じさせてくれる諺だと、私は思います。

●仕事における挨拶の大切さ

私は、社会人や学生向けに「挨拶」の研修を行う機会が多くあります。挨拶には、「おはようございます」「ありがとうございます」「申し訳ありません」「失礼します」「よろしくお願いします」「お疲れ様です」……など、様々なものがあります。

仕事は挨拶に始まり挨拶に終わる（しごとはあいさつにはじまりあいさつにおわる）

と言われますが、挨拶は良好な人間関係を築くための基本です。挨拶の研修、というと不思議に感じるかも知れませんが、日本人にとって挨拶をする機会は確実に減ってきています。

かつては街中の狭い道を歩いて他人とすれ違う際にも

袖振り合うも他生の縁（そでふりあうもたしょうのえん）

と言って、広い世間で間近にすれ違う相手は前世からの縁があるに違いないという捉え方をして、相手を思いやりました。現代でも「人との出会いは縁だ」「縁あって知り合った」という言い方をしますが、諺の世界では、人との出会いには何か必然的なものがあると捉えて、その縁を大事にするということや、人を大事にするということを教えています。

でも、今はすれ違っても「他人」以上のものではありません。買い物をする際にも、私が子どもの頃は、お店へ行って「こんにちは」とか「くださいな」とか声を掛けると、奥から店の人が出てきて、「いらっしゃい」「学校終わったの？」となりました。つまり、客も店員も日々お互いに挨拶をしていたのです。

ところが現代では、コンビニエンスストアでレジに立つ店員が「いらっしゃいませ」と挨拶をしても、客は挨拶をしないことが習慣になっています。量販店でもファーストフード店でもそうです。今日では、レストランの店員に挨拶を返す人は珍しいでしょう。店員もそれを期待していないかも知れません。挨拶を返せるような言い方をしてこない店員も増えました。「いらっしゃいませ、暑いですね」と言われれば、「本当に暑いですね」と挨拶を返しやすいのに、「こんにちは、いらっしゃいませ」と言われると、挨拶を返しにくいものです。客が一言も言葉を発しなくても買い物が出来てしまうのが、今の日本なのです。

就職支援施設でも同様の現象が見られます。相談員が来談者に「こんにちは」と声を掛けても多くの人が無言です。「客は挨拶をするものではない」という思い込みがあるのでしょうか、相談員に対して実に尊大な態度を取る来談者も中にはいます。

企業に応募して面接を受ける際に、受付で無愛想に振る舞い、面接官には自分から挨拶をせず名乗りもしないという、ありえないような事態も一般的に起こるようになってきました。信じられないかも知れませんが、本当です。

企業の採用担当者の目から見ても、そうした変化は衝撃的なようです。ある大手企業で約一〇年ぶりに採用を担当することになったという旧知の人が私に語ってくれたのですが、「自分から名乗ったり挨拶をしたりする人は一〇人に一人。爽やかさが感じられる挨拶の出来る人も劇的に減った」ということです。その大手企業だけではなく、幾つかの中小企業においても同様の話を聞きました。「うちは高学歴や資格の保持などは期待していない。人間関係の形成に不可欠な挨拶だけを重視している。だが、まともな挨拶の出来る人が少ない」と嘆いているのです。

数千人、数万人の応募者と会ってきた採用担当者は、「戦力になるかどうかを一瞬で見抜ける」と語り、人を見る目に自信を持っている人が多いのです。

「一瞬で」というのは第一印象ということですが、「相手に好感を与える目の輝き」や、「きびきびした歩き方と姿勢」、「はつらつとして聞き取りやすい声」などが、第一印象を構成すると言われています。つまり、初対面の人に会う時の「挨拶」とその爽やかさの度合いで印象が決まるということです。

また、挨拶は何も採用の時だけでなく、言うまでもなく働き始めてから一層重要になってきます。社内外で信頼されて良い人脈に恵まれながら気持ちよく働いていくには、やはり相手に好印象を与えるような挨拶をすることがとても重要なのです。

実るほど頭の下がる稲穂かな（みのるほどあたまのさがるいなほかな）

心の立派な人ほど人前で謙虚に振舞うものだという意味のこの諺にもあるように、挨拶は人としての品格や、「感じが良い人・悪い人」という判断など、相手に与える好感度まで左右します。挨拶の言葉をただ口にすればよいというものではありません。せっかく挨拶をしていても相手に聞こえなかったり、悪い印象を与えてしまったりするようでは意味がないのです。同様に、お辞儀も相手が確実に見えるようにしなければ意味がないと言えます。

企業の採用担当者が口にする「まともな挨拶が出来る人は一〇人に一人」とか、「二〇人に一人」という感覚は、大人だけではありません。私は、小学校の子どもにもそれが当てはまると感じています。私が住む地域では、朝の登校時間の交通安全や夏休みのラジオ体操、お祭りなどで、子どもたちと一年を通して何度も顔を合わせる機会があります。多くの小学生と顔見知りになり、時には怪我をして血を流した子どもの手当てをしているにも関わらず、こちらから挨拶をしても、まともな挨拶が出来る子どもは、やはり一〇人に一人から二〇人に一人しかいません。家では親に対してきちんとした挨拶が出来ているのに、家の外では挨拶が出来ない子どももいます。「社会に出るまでに挨拶の仕方を変えないと大変だ」と、いつも思ってしまいます。

大人は子どもに、単に「挨拶をしなさい」と繰り返すばかりではなく、なぜ挨拶が必要なのかを教える必要があるでしょう。

挨拶は、口から発せられ、相手の耳に届いたときに、印象の良し悪しが決まります。その言葉遣い、声のトーン、明るさ・冷たさ、挨拶に伴う表情、などがトータルで相手に与える印象となります。

例えば、レストランで食事中に水をもらいたいと思ったとき、店員にどう言うべきでしょうか。「おい、水くれ！」と言うか、それとも「すみません、お水をください」と言うか。同じことではないか、と思うかも知れませんが、実は大違いです。

前者の言い方をされた店員は、内心ムッとして、「人間扱いされていない」と感じるかも知れません。あるいは、不慣れな店員の場合には、怖くて返事もできないかも知れません。後者の言い方だと、店員は「すぐにお持ちします」と気持ちよく答えやすくなります。それでもムッとする店員は、やる気が落ちているのかも知れないので例外としましょう。

レストランで気分よく食事を楽しみたいのなら、接客をする店員にも気持ちよく働いてもらうことです。そうすれば、「お冷やのお替りはいかがですか」と店員から気軽に声をかけてくれるでしょう。店員もまた、気持ちよく仕事をしたいのなら、客に気持ちよく食事をしてもらうことです。そうすれば、「いい店ですね。おいしかったですよ、ごちそうさま」と嬉しい一声をかけてもらえるでしょう。

馬子にも衣装（まごにもいしょう）

という有名な諺があります。どんな人間でも、外面を飾れば立派に見えるという意味です。

「馬子《まご》」とは、馬に人や荷物を乗せて運ぶ仕事をする人の意味です。身分制が厳しい時代には、職業によって服装も定められていて、馬子はあまり立派な服装をさせてもらえなかったのです。その馬子が例えば公家の服を着れば、公家に見えてしまうということです。

でもどんなに立派な服装をしていても、口を開いた途端に、

馬脚を露す（ばきゃくをあらわす）

ということもあります。つまり正体がばれてしまうということです。ドレスアップして髪型を整え、メイクもバッチリという人が、口を開いた途端に下品になったとしたら、周囲の人からは失笑されかねません。テレビのバラエティ番組に出演する芸能人ならともかく、世間では、それでは人に好感を与えるのは難しいでしょう。

というわけで、挨拶、言葉遣い、お辞儀、表情などは、服装同様に、相手に与える印象を大きく左右しかねない要素です。そこまで気をつけなければ、おしゃれも身だしなみも完璧とは言えません。

一九九〇年頃まで、「日本のサービス業は世界一」とわが国では思われていました。でも、今はどうでしょう。現在、「接客サービスの世界最高峰」は、高級ホテルのリッツ・カールトンだと言われています。同ホテルは、客一人ひとりに合わせたきめ細かい対応ができていると評判で、高級車レクサスの販売員は、リッツ・カールトンで接客研修を受けています。

他方、日本の場合、マニュアル通りに、誰に対しても同じ言葉遣いで同じ対応をしているサービス業が多くなったように、私は感じます。客は千差万別なのに、誰に対しても同じ角度のお辞儀に同じ言葉遣い。質問に対する答え方も同じときます。これでは、客は気分がよくなるわけがないと私は思うのです。

礼も過ぎれば無礼になる（れいもすぎればぶれいになる）

という現象をよく目にするようになりました。気持ちがこもっていない接客態度は、客を不愉快にさせることがあります。時として、表面の機械的な態度とは裏腹の尊大さ、つまり、「慇懃無礼《いんぎんぶれい》」を感じてしまうのです。

どうしてそうなったのだろうと考えてみると、厚生労働省の調査に一つのヒントを見つけました。

厚生労働省による産業の分類で、従業員のうち非正社員従業員の割合が最も少ない産業は「電気・ガス・熱供給・水道業」で、非正社員は五・八パーセントです。逆に、非正社員従業員の割合が最も多い産業は「宿泊業・飲食サービス業」で、従業員の六六・一パーセントを非正社員従業員が占めています（厚生労働省「平成二一年若年者雇用実態調査結果の概況」）。つまり、子どもから高齢者にまで接し、極めて影響力が大きいと言える接客業で、最も非正社員の割合が大きいのです。

また、同調査によれば、若年者を採用した場合の教育訓練において、正社員と非正社員とでは、企業は明確に対応の違いを見せています。「長期的な教育訓練で人材を育成」する企業の割合は、新卒採用で四六・四パーセント、中途採用で三三・二パーセントですが、非正社員に対しては一八・六パーセントしかありません。非正社員に対する対応で多いのは、「短期的に研修等で人材を育成」が三四・五パーセント、「特別な研修等は行なわず本人に任せる」が二二・一パーセントです。

「注文を取る」「物を売る」だけなら機械でもできます。サービス業は、人が人に対して信頼関係を築くのが仕事です。サービス業の根本は、客に対する「ホスピタリティ」つまり、「心のこもったおもてなし」なのです。それを放棄したサービス業は、自ら首を絞めているように、私には見えます。

全社員一丸となったホスピタリティこそが、その店やサービスのファンをつくるための「付加価値」を生み出します。顧客満足は売上向上につながるのです。それが無ければ、人件費を含めたコストを下げて、価格の安さで勝負するしかなくなってしまうでしょう。

私は、製造業に転職する前の二〇代の頃、サービス業で働いていただけに、日本のサービス業がもう一度、元気さと誇りを取り戻して欲しいと願っています。

●職場は他人の集まり

企業は、言うまでもなく、趣味のサークルのように気の合う仲間同士の集まりとは、わけが違います。

企業を構成する社員は、「経営理念」などの共通の方向を向きながらも、生身の人間であって、実に多様な、年齢・価値観・得意分野・視野などの違いを有しています。また、そうでなければ企業の幅広い強みの発揮は難しいでしょう。

ところが、そのことがともすれば人間関係の難しい問題を発生させてしまうのです。

職場は似たもの同士の集団ではなく、「職場は他人の集まり」だと認識するからこそ、お互いに対する接し方においては、馴れ合いではなく気遣いが必要になります。

他人の集まりの中では、お互いに腹の立つこともあるでしょう。あるいは、自分が言った言葉が人によっては違う解釈で受け止められて、一方的に腹を立てられることも起こるかも知れません。だからこそ、社内では緊密なコミュニケーションが必要です。

また、怒りに任せて相手を怒鳴ったり、あるいはメールに書いて送ったりしたような言葉が、後に大きく取り上げられて問題になることもあります。言ったり書いたりした本人は時間とともに怒りが収まっているのに、もう取り返しがつかなくなってしまうということもあるのです。

そして、怒りのままに発した自分の言葉を後悔するという経験はありませんか。

一時の怒りのせいで人間関係を壊さないための戒めの諺は、たくさんあります。

腹が立つなら親を思い出せ（はらがたつならおやをおもいだせ）

腹が立った時は、自分の親のことを思い浮かべて心を穏やかにしなさいという意味です。

腹立てるより義理立てよ（はらたてるよりぎりたてよ）

自分が人に何かをしてもらうことばかりを考えるのではなく、相手を尊重して相手の役に立つ行いをすることも、人間関係には重要です。立腹よりも義理の方が大事だと諭しています。

腹の立つことは明日言え（はらのたつことはあすいえ）

一日過ぎて言いたいことを冷静に伝えないと、自分が困ったり疑問に思ったりしている気持ちが正確に相手に伝わりません。それどころか角が立ってしまいます。相手は、「自分のことが嫌いだからそんなことを言ってくるのかな」と勘違いしてしまうこともあるかも知れません。

怒りを遷さず（いかりをうつさず）

八つ当たりをするな、ということです。

仲裁は時の氏神（ちゅうさいはときのうじがみ）

喧嘩中に誰かが仲裁に入った時こそ、ありがたいタイミングだと捉えて、喧嘩をやめなさいという意味です。

七度探して人を疑え（ななたびさがしてひとをうたがえ）

いきなり人を疑わず、まずは繰り返し自分に過失がないか確認してみることが大事だということです。そうすることで、早合点から人に対して濡れ衣を着せてしまうことが避けられます。

既往はとがめず（きおうはとがめず）

人間は生きている限り過ちを繰り返すものです。相手の過去の失敗をいつまでも責め立てていても仕方がないことです。どうすれば今後、相手は過ちを犯さないかを考えて接した方がよい、という意味です。

怒りは敵と思え（いかりはてきとおもえ）

これはまた、ストレートに戒めています。

●互いに育てあう職場づくり

日常から離れた旅行は、良い気分転換になります。また、旅行をしたいという目標をもっているからこそ、それを励みにして頑張って仕事ができるという人もいるでしょう。江戸時代の庶民の間でも旅は楽しみの一つだったようです。厄年を迎えた人が伊勢神宮へ厄払いの参拝に出かけたり、出雲大社まで出かけて良縁を祈願したりしたそうです。

現代では、一人旅に伴うリスクはそれほど大きなものではありません。「一人旅の方が気楽で良い」と思う人もいるでしょう。「寂しければ旅先の人々とふれ合うのも楽しいし」という具合に。

ところが、今日のような公共交通が無い江戸時代には、人々は何十日も掛けて自分の脚で目的地まで歩かなければならなかったのです。時には悪天候にさらされることもあったでしょうし、物を盗まれることもあったでしょう。病気になったり、怪我をしたりすることもあったでしょう。現代のように「一人旅は気楽」などと言ってはいられなかったに違いありません。

旅は道連れ世は情け（たびはみちづれよはなさけ）

長いながい旅を、道連れとお互いに情けを掛けあい、助け合って乗り切ったのでしょう。江戸時代の長い旅と同様に、人生もまた長く険しいものです。お互いに情けを掛けあい、助け合っていくのが人の世なのでしょう。

たとえ「自分は一人で生きている」とトンガってみたところで、まったくの自給自足生活をしているわけでもないでしょう。食べ物・交通手段・日用品・娯楽など、生活のほとんどは、様々な企業という集団に頼らなければ成り立っていないはずです。そして、そのための支払いは、自分が組織や人のために行った仕事に対して受け取る報酬からのはずです。人は支え合って生きているのです。

また、「情け」とは、思いやり、人に対する愛、慈しみ、優しさのことです。

人は情けの下で立つ（ひとはなさけのしたでたつ）

人の世は互いの思いやりで成り立っている、世の中は人の情けが動かしているということです。職場もまた、江戸時代の旅や人生と同じで、長い期間を過ごす場所です。そして、企業は人で成り立っています。

職場の人間関係の難しさは、ともすると部署どうしのいがみ合いや不信感が発生したり、社内でいくつかの派閥的なグループができてしまったりすることです。ライバル心から嫉妬の気持ちが起きることもあります。ある程度それは仕方のないことかも知れませんが、だからと言って放置しておいてよいわけではないでしょう。社内や職場内の人間関係の悪化は、業績の悪化につながりやすいからです。

部下に見本を示す立場である管理職こそが、社内で大人の人間関係を築いていって欲しいものです。

管理職の中には、「人間は放っておくと怠けたがるものだ。だから厳しく監督しなければ」と言う人がいます。

でも、考えてみて欲しいのです。昨今の厳しい採用選考をくぐり抜けて入社した若者で、最初から「手を抜きながら適当に働いて給料さえもらえばよい」と思っている人がそんなに多いものでしょうか。キャリア・コンサルタントとしての私の経験から言えば、そのようなことを口にする人も、まったくいないわけではありませんが、かなりの少数派です。

また、人間にはその時々で様々な気持ちが同時に芽生えるものです。「頑張りたいと思う気持ち」と「楽に給料をもらいたいと思う気持ち」とが同じ人間の中に共存していても、何ら不思議ではありません。部下のやる気の部分を〝引き出す〟ことこそ上司の仕事ではないでしょうか。

そもそも、部下は「家来になりたい」と思って入社したわけではなく、「仕事を通して自分を成長させたい」という気持ちを持ちながら入社してきたはずです。その気持ちを維持させることが重要ですが、人から不審の目を向けられている人が前向きな気持ちになることは珍しいことです。叱られて宿題をする子どもの集中力が持続できないのと同じで、人間は叱られて強制されるよりも信頼されて任されたり自分で決めたりしたことの方が、やる気になれることが一般的です。こうした考え方に基づいて企業では管理職向けに、部下のやる気を引き出して自発的な行動を起こさせる「コーチング」というコミュニケーション手法の研修が導入されているのです。
コーチングで三原則と呼ばれている原則があります。それは、
一．部下の味方になる。
二．答えは部下にある。
三．部下の自発的な行動を促す。
です。
上司と部下の次のやり取りを比べてみれば、違いが分かるでしょう。

上司「来期の方針の叩き台はいつできる？」
部下「今週中に仕上げるつもりです」
上司「本当かよ。お前いつも期限までに間に合わないじゃないか。適当な事ばかり言ってんじゃないよ」

上司「来期の方針の叩き台はいつできる？」
部下「今週中に仕上げるつもりです」

上司「いいね。私も助かるよ。それじゃ、今週中に間に合わせるために、どんな工夫をするの？」

言うまでもなく部下は上司の所有物ではありません。企業の将来を担う人材に育てることを期待して、上司のもとに預けられている存在です。部下を充分な戦力として育て上げることは、管理職にとって力の見せ所だと言えませんか。最初からそれを放棄してはいけません。

親は子育てをしながら、子どもから気づかされる事や学ぶ事が少なくありません。同様に、部下から気づかされる事や学ぶ事もあるはずです。

そもそも、上司だ・部下だというのは、職務遂行上のことであって、それが人間的な優劣を示すものでは、本来ありません。社内的な上下関係の前に、同業他社や世界の市場に対しての、同志でもあります。互いに思いやりの気持ちを持ち合いたいものです。

後生畏るべし（こうせいおそるべし）

という諺があります。これは「論語」から生まれた諺で、自分より後から生まれてきた者は年が若く気力もあり、将来の可能性をもっているので、その努力に対しては畏敬すべきだ、という意味です。

ところが、論語には実はこの続きがあります。「四十五十にして聞こゆることなきは、これ亦《また》畏るるに足らざるのみなり」。つまり、四〇歳、五〇歳になっても少しも世間に認められないようなら、畏れるには足らないと。

若者には進歩する可能性がありますが、それはただの「可能性」に過ぎません。そこに努力が無ければ、可能性は可能性だけで終わってしまうという現実も述べているわけです。励ましつつ、しっかり努力をするよう、若者に釘を刺しているとも言えます。

●社員のタイプと適材適所

言うまでもなく、人の性格は千差万別で、どういった性格が良いとか悪いとか、一概には言えるものではありません。

職場でも、様々な性格の人間が共存しています。職場にはどういったタイプの性格の人がいるか、多少乱暴ですが、四つのタイプをあげてみます。

和して同ぜず（わしてどうぜず）

誰にでも気さくに話しかけて、職場を明るく盛り上げるムードメーカー的な役割を果たしているタイプの社員。動物に例えるなら、イソップ童話の「ウサギとカメ」に出てくるウサギでしょう。活動的ですが細かいことは苦手。家電製品のマニュアルをじっくり読んだり細かい計画を立てたりするよりも、「とりあえず使ってみよう」とか「とりあえずやってから決めよう」という、ノリの良さが取り柄です。でも、細かい仕事をじっくり続けることや、自分が話題の中心でいられないようなテーマに入っていったりするのは苦手です。好みや人の好き嫌いもはっきりしています。

和をもって貴しとなす（わをもってとうとしとなす）

人当たりがよく、穏やか。自分の考えや好みを押し通すことはせず、人を立てようとするタイプの社員。周りの人への気遣いが強く、協調性がとてもあるので、人々の中に自分が埋没することを好みます。穏やかな人間関係を形成することを何より重視するのです。反面、自分一人で何かを決断したり、先頭に立って皆をリードしたりすることが苦手です。動物に例えると、群れの一員であることを好むヒツジ。人に対して「すみません」や「ありがとう」という気遣いの言葉をよく使います。

念には念を入れよ（ねんにはねんをいれよ）

周りが騒いでいても、一人マイペースで黙々と仕事を続けるタイプの社員。他の社員から見れば仕事が遅いと感じることもありますが、勢いや直感で仕事を片付けることはしないので、仕上がりは細かく正確です。だからこそですが、いい加減さを嫌い、「この仕事を適当にやっといて」などという依頼をされると困惑します。「いつまでに・どのような目的で・どんな仕上がりに」など具体的な依頼をされると力を発揮します。人付き合いでは、フランクで和気あいあいとした人間関係に内心では憧れるものの、実際には自分から騒ぐのは苦手です。動物に例えるとカメで、「まじめさ」を絵に描いたような人です。

鶏口となるも牛後となるなかれ（けいこうとなるもぎゅうごとなるなかれ）

自分の意見を相手に認めさせたいという思いが強く、会議ではよく発言します。エネルギッシュでアイデアマンでもありますが、時として他の人がついていきづらく近寄りがたい雰囲気も醸し出します。人から細かく指図されたり人が決めたことを無理やり守らされたりすることに反発します。放っておいても自ら高い目標を立てて、それに向かって「死ぬ気で」頑張れる人です。ただ、遠慮したり謙遜したりするタイプの人に対して「やる気がない」「弱気だ」と誤解しやすく、敵をつくったり孤立したりすることもあります。動物に例えるとオオカミです。

冒頭に書いたように人の性格は千差万別ですが、以上の四つの分類は「ソーシャル・スタイル」という心理学の理論の一つを用いるものです。動物に例えると、「ウサギ」「ヒッジ」「カメ」「オオカミ」というこれらのタイプは、それぞれに長所と短所を持っており、しかもお互いに気が付いていないかも知れないのですが、職場ではそれぞれの長所を発揮することで、他のタイプの持つ短所を補いあっているのです。

とかく、自分とは違うタイプの人間は理解し難く、時には嫌ったりもしがちですが、職場は一つのタイプの性格の人間を集めてもうまくいきません。そんなことをすれば様々な人々で成り立っている現実の実社会とは乖離してしまいます。例えば、

足が地に着かない（あしにちがつかない）

という社員ばかりの職場、つまり皆が気分だけで動くような職場になってしまいかねません。

人間は互いに支えあい、互いの短所を補いつつ長所を発揮しあえるという状態が何よりです。そのためには、お互いの違いや長所を認めて受け入れる心の広さが大事です。

なお、四つのタイプをあげましたが、実際には一人の人の中にいろいろな要素が存在します。対応する相手によって自分のタイプが変化するということもあります。家庭ではウサギでも職場ではオオカミになったり、商談の場ではヒツジになったりすることもあります。好きな異性の前ではカメになるということもあるのです。

だから、人のタイプを決め付けるのは、もちろん良くないことです。人は短期的にも長期的

にも変化し続けるものでもあります。
人は環境によって変わるという教えの諺もあります。

孟母三遷の教え（もうぼさんせんのおしえ）

子どもの教育のためには良い環境を選ばなくてはいけないという教えです。孟子の母は最初、墓場の近くに住んでいたところ、幼い孟子が葬式の真似ばかりをして遊ぶので、引越しをしました。次に住んだのは市場のそばで、孟子は商人の真似をして遊ぶようになり、さらに学校のそばに引っ越すと、孟子は礼儀作法の真似事をするようになったのです。孟子の母は、その地、つまり学校のそばこそ我が子の教育にふさわしいと考えたとの故事です。

朱に交われば赤くなる（しゅにまじわればあかくなる）

という諺もあります。人は交わる相手によって、善人にも悪人にもなるという意味です。

人が周りの影響で変わるというのは、自分自身を振り返れば誰しも気がつくはずです。だから、職場というものは、皆が前向きに成長していける雰囲気をつくることが大事なのです。そして、職場の雰囲気に影響を与えるのが、経営理念や経営者の考え方、社風、そして上司の心の広さだと言えるでしょう。

部下のそれぞれの特性に合わせた適材適所ということも需要です。

魚は殿様に焼かせよ餅は乞食に焼かせよ

（さかなはとのさまにやかせよもちはこじきにやかせよ）

という諺もまた、素材による焼き方の違いを教えていると同時に、性格の違いによって与える仕事を変えることの大切さを教えてくれています。魚はあまり頻繁にひっくり返さずに焼くと美味しく焼け、餅は逆に頻繁にひっくり返しながら焼くのがよい、という調理のコツでもあります。人のタイプの違いを料理に例えている諺です。

●広く世界に目を向けよう

かつて製造業の企業に勤務した私は、製造業に思い入れがありますが、日本の製造業がかつての勢いを失ってしまっていることを危惧しています。世界のモノづくりはますますボーダーレス化していますが、日本は歩みを止めてしまったのではないかと思うことがあります。

日本で二〇一〇年六月の発売以来熱狂的に受け入れられたタブレット型パソコン・米アップル社のｉＰａｄの製造国は、中国です。その部品の調達先を見ると、韓国企業がディスプレイや半導体などで約半分を占めている反面、日本製部品の陰はかなり薄い状態です。

二〇世紀は先進国だけで世界の経済を支えていたとも言えますが、今世紀は、世界経済に影響を与えている国の数が飛躍的に増えています。

新興国の工業団地や都市の姿を見て、その発展ぶりや、何よりも日本人にはあまり見られない生き生きした人々の表情に驚いたという経験をした人も多いでしょう。

一九七五年にはオイルショック後の世界経済に関する話し合いをするにも、六カ国で充分でした。主要国首脳会議がこの年に始まっています。第一回はフランスのランブイエで開かれたサミットです。ところが現在は、世界経済を話し合うには二〇カ国つまりG20が必要になりました。

その分、世界の変化のスピードは、かなり加速しています。

二〇〇八年のリーマンショックは、世界の経済、そして日本企業に大きな打撃を与えました。この不況は、対外的には円高、国内ではデフレという環境の中で、日本の企業にとっては、売りにくく利益を出しにくい状況でもあります。メーカー企業は設備投資や採用を絞り込み、政府の雇用調整助成金を利用しながら、雇用を維持し企業を存続させることに全力をあげて耐えてきました。

ところが、海外では、そうした日本の状況とはまったく異なる大きな変化が起きていたのです。日本が足踏み状態にいることを尻目に、高度経済成長の真只中にあるＢＲＩＣｓ（ブラジル・ロシア・インド・中国）や韓国、あるいは台湾やベトナムなどアジアの国々が躍進を遂げました。これにメキシコやインドネシアを加えた「ＮＥＸＴイレブン」と呼ばれる国々へと世界の資本がなだれ込んでいるのが今の状況です。飽和状態にある先進国の市場に代わってこれら新興国が、今後ますます大きな市場に成長する勢いです。メーカー企業にとっての成長の鍵が新興国でのビジネスにあると言えるでしょう。

日本の輸出企業が円高に苦しんでいる間に、新興国は競争力を高め、世界の状況は大きく変わってしまいました。

しかし、日本の企業から感じる現在の目を覆いたくなるような歩みの遅さは、いったいどうしたことでしょう。世界は日本の歩みに合わせてはくれないのに。

二〇〇九年九月、政権発足後まもなくの時期に原口総務相（当時）は、南米を訪問しました。世界のテレビ放送の地上デジタル化がアメリカ方式（ATSC）とヨーロッパ方式（DVB―T）に大きく二分される中、南米の国々ではブラジルとペルーを皮切りに日本の方式（ISDB―T）を次々に採用する動きをつくり出すことに成功したからです。二〇〇七年から始まっていた総務省やNHKの働きかけによって、当時南米では九カ国が日本方式を採用し、その市場規模はデジタルテレビ一億台以上に拡大していました。

ところが、こうした動きをビジネスチャンスと捉えてスピーディーに動いたのは実は日本企業ではなく、韓国・中国・ブラジルなどの企業だったのです。なかでも、LGやサムスンなどの韓国の家電メーカーが、南米の日本方式による薄型デジタルテレビの市場をほぼ押さえたと言われたのは、原口総務相の訪問からわずか一ヶ月後の一〇月下旬のことでした。

日本の企業はかつて、飛ぶ鳥を落とす勢いで海外市場に打って出ました。先進国が中心でしたが、各国の商慣行・税制・法律の違いや、顧客のニーズの違いを一つずつ乗り越えて進出していったはずです。

郷に入っては郷に従う（ごうにいってはごうにしたがう）

というのは、言うまでもなくビジネスにとって当たり前のことです。よその地へ行って我流を押し通すのではなく、その地の習慣に従うのがコツ、ということです。でも、南米での出来事を見て、よもや「南米で薄型テレビを売るのは難しいだろう」「少し様子を見ようか」「新興国相手ではビジネスになりにくい」「これからも経済の発展は二〇世紀の先進国が中心」などと、「やらない言い訳」を考えていたとは思いたくはないのですが。

針の穴から天覗く（はりのあなからてんのぞく）

狭い見識をもって広大な世界を判断しようとしているのは、ビジネスにはあってはならないことです。

また、次のような諺もあります。夜、窓の外が明るいという状態を想像してみてください。その原因は様々あると考えられますが、明るければすぐに月夜だと決め付けてしまう浅はかで世間知らずな様子を皮肉って、

明るけりゃ月夜だと思う（あかるけりゃつきよだとおもう）

という諺で表します。自らの目や足で確かめてもみず、動こうともせずに短絡的な思い込みで分かったような気になっている愚かな状態の意味です。この状態に陥ってしまうと、そこから先の進歩は望めません。


ところで、「環境技術で日本は世界をリードしている」と言われてきました。ただ最近、それに対しても赤信号が灯り始めていることが気がかりです。

環境技術はもはや知識や外へ出さない技術のレベルではなく、既に世界では実用化の段階にあります。今日、各国の環境分野の企業が、世界中を駈けずり回りながら環境ビジネスの実績

を積み上げることを競っているのです。日本の企業の歩みは、ここでも世界の今のスピードについていっているとは言いがたいのです。

二〇〇九年六月、中国・天津市郊外で「世界最先端の環境都市」を目指す「天津エコシティ(中新天津生態城)」建設プロジェクトがスタートしました。三五万人規模の新しい環境都市を建設するというものです。そのプロジェクトが発足した当日より、デンマークの企業をはじめ、中国内外の企業による開発担当者への強力なアプローチが開始されたのですが、日本企業の積極的なアプローチがあったのは、この年の一二月だと言うことなのです。中国には大都市が約六〇〇も存在するのですが、そのうちの一〇〇ヵ所でエコシティを建設する構想があります。同プロジェクトは環境ビジネスにとって、その実力を証明する巨大なチャンスなのです。

すでに中国は、二〇〇六年以来、太陽電池の出荷で世界第一位であり、世界全体に占めるシェアは約三〇パーセントに達しています。第二位でシェアが約一四パーセントのドイツを大きく引き離しているのです(二〇一〇年現在)。こうした「再生可能エネルギー」の導入に力を入れている中国ですが、二〇〇六年に始まった五ヵ年計画では、風力発電やバイオマス発電の導入規模を太陽光発電の約二〜三〇倍に置いていて、すでにその計画を達成しているのです。

二〇〇八年三月、米紙「ニューヨーク・タイムズ」は、「中国は本格的なエコロジー路線を歩み始めた」と報じました。

天高く馬肥ゆる秋（てんたかくうまこゆるあき）

は中国から伝えられた諺ですが、元々中国では、単に「秋だなぁ」とほのぼのと季節を感じる意味の諺ではありませんでした。馬が肥える秋になれば、北方から馬に乗って進入してくる騎馬民族の攻撃に備えなければいけないという戒めの意味だったのです。日本とは違って隣国と陸続きの国ならではの背景があります。江戸時代に鎖国をして海外に目を閉ざしていた日本とは違って、常に「世界の中の中国」を意識しなければ国が成り立たない中で生まれた諺です。

「エコ」というと何だかほのぼのとして……というイメージが日本には一般にあるように思います。でも、海外ではこの分野は各国が激しくしのぎを削る最先端のビジネスの領域です。四方を海に囲まれて他の国から隔離された小さな島国の日本ですが、海の向こうで起きている現実に目を閉ざしてはいけません。

中国と並んで、現在世界の環境ビジネスの注目を集めているのは中東です。二〇〇九年一月に発足した「国際再生可能エネルギー機関」の本部の誘致に成功したアラブ首長国連邦のアブダビや、紅海沿岸部の砂漠地帯で大規模な風力発電所建設を続けているエジプトです。中でもアブダビは、潤沢なオイルマネーを環境エネルギー産業の育成に注ぎ込んでいて、二〇〇六年から「世界最大規模の環境都市・マスダールシティ」建設を進めています。

同都市は、一〇〇パーセント再生可能エネルギー・二酸化炭素排出ゼロ・廃棄物ゼロという、環境ビジネスの最先端の姿を見せています。四万人が居住でき、七万の職場が造られる規模の大きさで、世界中の企業が初期の段階から自社のノウハウの売込みを図りました。米国GE（ゼネラル・エレクトリック）社は、製品開発や省エネルギーに対する意識を向上させるセンターを、マスダールシティに設立することに成功しています。また、同シティ建設のために採用された主な環境技術は、ドイツの環境技術です。

実は、ここでも日本企業は陰が薄いのです。日本企業が選ばれなかったのではなく、日本企業が初期段階で「売り込みに来なかった」のだというのが、その理由です。

アブダビでもエジプトでも、計画の当初から関与しながら少しでも自社に有利な展開を狙う他国企業は、「提案力」「コンサルテーション力」で勝負をかけています。それに対する日本勢は他国よりも遅れて、「モノ」で参入しようとします。日本勢にとっては、「日本製品は品質が良いから選んでもらえる」という二〇世紀には通用したかも知れない発想があるのかも知れません。しかし、今後もこうした参入スタイルで利益を確保してゆくのは、難しくなるのではないでしょうか。なぜなら日本企業にとってのライバルが少なかった二〇世紀と異なり、今は新興国の企業がどんどん台頭して日本企業を脅かしているからです。

二〇〇九年末より、輸出産業が日本を不況から脱出させる構図が顕著になっています。日本製の高性能な工作機械の輸出が好調なのです。でもそれは、皮肉なことに、これを導入した外国企業にも、日本のメーカーと同等の高品質の製品が作れてしまうということも意味しています。

こうした状況をすでに知っているという人も増えてきたと思います。しかし言うまでもなく、スピードとタイミングを誤ればビジネスとしては成り立ちません。出遅れてしまえば、利幅の小さな仕事しか残らないでしょう。時期に遅れてしまって間に合わないことや役に立たないことを戒める諺があります。

六日の菖蒲十日の菊（むいかのあやめとおかのきく）

五月五日の端午の節句から一日遅れた菖蒲も、九月九日の重陽《ちょうよう》の節句から一日遅れた菊も、たった一日の遅れであってももはや役に立たないという諺です。この場合の「菖蒲」は「あやめ」と読みます。

島国であり、言語的にも閉鎖的な壁の中にある日本からは、今世紀に入ってからの世界の動きが見えていないように思えてしかたがありません。「南米」「中国」「中東」と聞くと、今でも尻込みをする日本企業があるそうですが、意識面でも歩みを止めたのでしょうか。

日本の携帯電話の潮流が世界のものからかけ離れていることで、「ガラパゴス」などと評されていますが、これは単に携帯電話だけの問題ではなく、もっと広い分野で深刻な問題かも知れません。最も恐ろしいのは、今日の世界のどこにビジネスチャンスがあるのかという潮流にすら気づいていない日本企業があるかも知れないということです。

二〇世紀的な古い思い込みは、もうやめたほうがよいでしょう。そして、自分たちの手と足で世界を駆け回り、世界のトレンドを築き上げるパワフルな日本の製造業に戻って欲しいと願っています。

京都に本社がある日本電産株式会社は精密小型モーターで世界シェア一位ですが、同社の掲げる三大精神に「すぐやる、必ずやる、出来るまでやる」と謳われています。韓国の電気自動車メーカー「CT&T」社は現在大躍進中ですが、同社の工場にはこの言葉が標語として大きく掲示されているのです。忘れかけている企業が多いかも知れませんが、多くの日本の企業には創業者が燃えるような情熱から発した言葉が、経営理念や社是として伝わっているはずです。

日本の自動車産業はハイブリッド車で世界をリードしました。国内でもハイブリッドという素晴らしい技術に対する大きな関心が集まっています。でも、海外ではどうなのでしょうか。実は海外では、自動車の環境対応策としてガソリン車からクリーン・ディーゼル車へ（二〇〇四年には西ヨーロッパでディーゼルエンジン車が五〇パーセントを越えています）、次いで天然ガス車へという段階を経た流れがあり、ハイブリッド一辺倒の日本とは異なる姿が見られます。

この流れを直視していたのが韓国です。韓国国内を走る路線バスのほとんどは、既に天然ガス車に切り替わっています。言ってみれば日々実用性を実証しているのです。当然のことながら、韓国は今、中東に対して大々的にバスの売り込みを行っています。

でも私は、「日本の問題点」をあげて、それを嘆いただけで終わりにしたくはありません。先にあげた諺「井の中の蛙大海を知らず」は中国からわが国に入ってきたものですが、わが国では、その続きがつくられました。

井の中の蛙大海を知らず、されど空の深さを知る

（いのなかのかわずたいかいをしらず、されどそらのふかさをしる）

です。別の言い方では、「空の高さを知る」や「空の蒼《あお》さを知る」というものもあります。何だか負け惜しみのように聞こえるかも知れませんが、視点を変えれば、そうとばかりも言えません。ベンチャービジネスはそのようなものではないでしょうか。一点を深く追求して、「他社が真似できないオンリーワンの強み」を身に付ける、ということです。ガラパゴス化を自嘲的に捉えるのではなく、むしろそれを強みに変えることを真剣に考えることです。

一九七九年にソニーが発売した「ウォークマン」は、そうした視点で世界中に社会現象を巻き起こしたものです。当時は、プライベートで音楽を楽しむ時の常識は、自宅の応接セットに設置したステレオセットであり、大型のスピーカーから流れる音の迫力に憧れ、その実現に満足感を覚えたものです。でも、日本の住宅事情からは限界がある常識でした。

ウォークマンの発売に対しては、その非常識さに対してソニーの社内では反対意見があったようですが、発売してみれば、世界のそうした常識を衝撃的に打ち崩すことに成功したではあ

りませんか。どこにでも持ち歩いて自分一人で音楽を楽しむ、というライフスタイルを世界で生み出すことに成功したのです。

「他社が真似できないオンリーワンの強み」は、日本の中小企業のお家芸ですが、企業規模の大小を問わず、今の日本企業には、他の真似ではない独自の発想による新規の市場創出を目指して欲しいと思います。

そうした観点に立てば、世界の潮流から外れた「ガラパゴス」という日本の現状を活かすこともできます。それを何らかの強みに転化できるかも知れないではないですか。

また、日本では「内需拡大」つまり、国内の消費拡大の必要性が、外圧も伴いながら時折叫ばれます。それを言われると、あたかも日本経済の現状は過大な貿易に偏っているかのように勘違いしてしまうかも知れません。でも、実際には日本の「貿易依存度」は小さいのです。

貿易額（輸出額と輸入額の合計）を国内総生産（ＧＤＰ）で割った数字が「貿易依存度」です。二〇〇八年の各国の貿易依存度は、総務省統計局の発表によると、日本が三一・七パーセントであるのに対して、イタリアは四七・八パーセント、中国は五九・二パーセント、ドイツは七二・六パーセントです。韓国の貿易依存度は、九二・二パーセントにも達しています。貿易依存度が最も高い国はシンガポールで、三六〇・四パーセント、次いで香港が三四八・八パーセン

ト と続いています。

貿易による経済の比率が小さい日本は、まだまだ今後、そこを活性化させて経済を成長させる余地を残していると言えるのではないでしょうか。

ところで、キャリア・カウンセリングでも部下を育てるコーチングでも用いる手法の一つに、「スケーリング」という手法があります。行動力が落ちている人に対して、いきなり一〇〇パーセントの力を発揮させることは難しいかも知れません。やるべきことがたくさん見えているほど、一体何から手を付ければよいのか分からなくなってしまいます。

スケーリングとは、「今の状態を一〇点満点にすると何点?」と訊くことです。今が例えば「四点かな」と答えたとしたら、「では、それを五点にするために、たった一つのことをやり始めるとしたら何をする?」と訊くわけです。

物事は一歩ずつしか取り組めません。特に行動力が落ちている時には、たった一つでいいから何をするのか、という考え方が必要です。

さて、貴社は、その本来の実力に対して現在発揮できている力は、いったい何点ですか?あと一点高めるために何をしますか?

また、就職活動中の人や若い会社員は、自分の現状は何点? そして、あと一点高めるために何をしますか？

日本企業の強みは総合力

ＢＲＩＣｓの一角を占め成長著しいインドは、日本から少し離れていることもあって、企業の進出先としては、まだそれほど一般的ではないかも知れません。でも、先行企業には大きな成功を収めているケースがあります。一九八三年にインドに進出した自動車のスズキや、一九八四年に進出した二輪車のホンダは、いずれもインドにおいて五割を超えるナンバーワンのシェアを持っています。

社会主義的な側面も見られるインドでは、労務管理が難しいと言われます。インド企業、外資系企業を問わず、多くの企業が労働訴訟やストライキを経験するそうです。労働者を手厚く保護する労働法もインドには存在します。

しかし、インドの労働法では、被雇用者を「ワークマン」と「ノン・ワークマン」に区別していて、手厚い法律の保護を受けるのは、ワークマンと呼ばれる労働者のみなのです。管理者的な立場になるとノン・ワークマンと呼ばれ、経営者と対等の立場と見なされます。

アメリカでも、ブルーカラー・ホワイトカラーという区分や、公正労働基準法から外れて「ホワイトカラー・エグゼンプション」の適用を受ける被雇用者層がいます。わが国でもホワイトカラー労働者の残業を認めないようにしようという趣旨で「ホワイトカラー・エグゼンプション」に注目が集まったことがありました。

そもそもわが国では、戦前には「社員」と言えばホワイトカラーを指し、それ以外の労働者は「工員」などと呼ばれて区別されていたものの、戦後の被雇用者はすべて、労働基準法の適用を受けてきました。部長も課長も一般社員も、派遣社員やパート社員も、すべて労働基準法上は同列の労働者と規定されて保護されているのです。

そのため、工場勤務から事務系と呼ばれる職種に異動になったり、いずれ経営陣に名を連ねる労働者が生まれたりするのはよくあることです。パート社員から社長に抜擢されたケースが話題になったこともありました。

ところで、中国の人が、日本人との比較を語る際に、俗に次のように語っていることを知っているでしょうか。「中国人は、一人ひとりが賢いのに集団になるとバカになるが、日本人は、一人ひとりはバカなのに集団になると賢くなる」という言い方です。

その俗説が正しいかどうかはともかくとして、確かに日本の企業は「全員力」や「総合力」と呼ばれる集団としての力の発揮が、強みだと言えるでしょう。経営陣も管理職も現場の人間も含めた、会社ぐるみの運動会や忘新年会などを通して、集団の親睦を図るという取り組みも日本企業ならではのものです（韓国のサムスンはこれを取り入れています）。

三人寄れば文殊の知恵（さんにんよればもんじゅのちえ）

と、複数で知恵を出し合えば、知恵の仏様である文殊菩薩にも匹敵する知恵が凡人にも出せるという諺もわが国にはあります。

今日では労働者の三分の一が非正規雇用ですが、かつて日本の企業では「終身雇用・年功序列」と「正規雇用」が主流でした。まさに、世間知らずな若者でも、「長い目で見て一人前に育てていく」という雰囲気が企業全体にあったのです。

大海は芥を択ばず（たいかいはあくたをえらばず）

とは、大人物は寛容で、人を分け隔てなく、よく受け入れることを言います。かつての日本企業は今日よりも寛容でした。新入社員の採用面接でも、今日ほど厳しい質問をする企業は多くなかったはずです。一次面接、二次面接、集団面接に役員面接、集団討論と、若者に厳しい質問を畳み掛けるのが、現在の企業の採用のやり方です。

初対面の人と話すことが得意な若者や、パッと咄嗟に閃く機転の利く若者、学力試験の成績が良い若者にとっては有利に働く現在の採用方法です。ところが、その企業や商材や、働くことに対して持っている情熱の深さを完全に見抜くことは難しいでしょう。そもそも、多くの応募者は、私どもキャリア・コンサルタントによる面接指導を経験して応募しているのですから、何だか時おり滑稽に感じてしまいます。不採用になったことを泣いて悔しがる若者が落とされて、言い方は悪いのですが、自惚《うぬぼ》れが強い若者が採用されるというケースもあります。

企業の採用担当者には、次の諺を贈りたいと思います。

時に遭えば鼠も虎になる（ときにあえばねずみもとらになる）

つまり、好機に恵まれれば、鼠のようにつまらないと思えた人でも、猫を倒し虎をも倒してそれに取って代わるくらいになる、という意味です。人はタイミングさえ合えば見違えるほど成長します。また、目を瞠《みは》るほどの変身ではなくても、人は誰しも経験と年数と学びによって、成長しつづける存在なのです。

せめて、管理職の皆さんには新人に対して寛容さを発揮し、企業の戦力として長い目で見て育てて欲しいと願っています。同じような選考方法で採用した人材を育成できるかどうかは、企業それぞれのその後の育成次第です。それは企業にとって、死活問題のはずです。

また、一九九〇年代までの日本企業に一般的に見られた「年功序列・終身雇用」は、アメリカの格付け会社から低い評価を受け、バブル崩壊で自信を失いつつあった日本ではその後、急速に成果主義の導入が図られました。でも、二〇〇〇年代に入って業績を回復させたトヨタやコマツは、「年功序列・終身雇用」を残している企業です。

それに対する議論は様々ありますが、特に製造業の企業にとって、この制度は確実に経験者を社内に蓄積させていく制度だと、私は思います。経験が少なく実績を残しにくい若手社員にとって、何年後には自分の給料が幾らまで上がるのかという目安があれば、安心して長期的にその企業で働けます。また、安心して将来設計ができ、計画的なローンを組むこともできるのです。そして、仕事のノウハウ・技術・社風が途切れることなく世代から世代へと受け継いでいけるのではないでしょうか。

●日本企業は道理を重視する

企業の寿命というものについて語られることがあります。「企業の寿命は三〇年だ」という言い方もあれば「四〇年だ」という説もあります。各種経済雑誌の調査でも、それに近い数字が出ます。

三〇年、四〇年といえば、時代の流れから見ると確かにその間に大きな変動が企業を取り巻いてゆきます。

驕る平家は久しからず（おごるへいけはひさしからず）

ということもあるでしょう。業績の良い企業がわが世の春を謳歌しているうちに時代が大きく変わってしまうのです。

ところが、わが国には、他国に例を見ないほど膨大な数の長寿企業が存在するという現象が見られます。野村進著「千年、働いてきました」によってもそのことが広く知られるようになりました。

韓国の中央銀行である「韓国銀行」が二〇〇八年五月に発表したところによると、創業二〇〇年以上の企業は全世界に五五八六社存在しますが、うち半数以上の三一四六社は日本に集中しているのです。その数で第二位のドイツ（八三七社）を大きく引き離して、日本には圧倒的に多くの長寿企業が存在しています。

日本の場合、創業一〇〇〇年を超える企業が七社、五〇〇年以上が三二社、一〇〇年以上は韓国銀行の調べでは五万社となっていますが、文献によっては日本で創業一〇〇年を超える企業は一〇万社以上とも言われています（横澤利昌編著「老舗企業の研究」）。

様々な文献で紹介される機会も多いのですが、世界最古の企業は、飛鳥時代の西暦五七八年に創業した「金剛組」（大阪）だと言われていて、何と一四三〇年以上続いていることになります。

石川県の粟津温泉にある温泉旅館の「法師」は、西暦七一八年に創業以来一三〇〇年近く続いており、ギネスブックからも「世界で最も歴史あるホテル」と認定されています。また、同社は「世界最古の同族企業」としても有名です。創業者一族による経営が四六代に渡って綿々と続いてきたのです。「同族企業」と言うと世間では悪いイメージで語る向きもありますが、経営者の起業の苦闘やその精神を後に伝えるという点で、安定的な強みを発揮していることは長寿企業の多くが同族企業だという点からも明らかです。なぜ同族企業が時代の荒波を乗り越えて存続するのかと言えば、多くの長寿企業には後世に残る家訓・経営理念・社是などが見られるからです。

韓国では「三代続く店はない」と俗に言われるそうですが、日本の場合、幾多の時代の変化を乗り越えて膨大な数の長寿企業が存在し続けてきました。

帝国データバンクが二〇〇八年五月に発表した調査結果によると、まず、長寿企業の約八割は「社訓・社是・家訓」など、つまり経営の理念を何らかのかたちで保有しています。

また、企業の「強み」は「信用である」と七割以上の長寿企業が回答しています。逆に「弱み」に関しては、五割以上の長寿企業が「保守性」だと答えています。さらに、今後重視すべきことを漢字一文字で表すと、最も多くの長寿企業は「信」だと答えています。約四分の一の長寿企業がこう答えているのです。第二位は「誠」だということです。

企業というものを、短期的にマネーゲームを行ったり投機の対象として捉えたりする価値観とはまったく異なる姿が、時代を越えて続く長寿企業からは垣間見えてきます。

悪銭身につかず（あくせんみにつかず）

とも言うではありませんか。賭け事のような金融マネーゲームで得たお金は一時的なもので、再び手からこぼれ落ちていくという意味です。

また、わが国のビジネスの歴史や特徴について述べる際によく引用されるのが、近江商人の「三方よし」という考え方です。

「売り手よし・買い手よし・世間よし」という、江戸時代に近江商人が確立させた考え方は、日本のビジネスに大きな影響を与えています。

初めて訪ねてきたセールスマンが薦める商品を、いきなり購入することは勇気が要ります。現代よりも方言が強く互いに馴染みが薄かったに違いない江戸時代なら、なおさらです。全国に行商に出かけた近江商人は、見ず知らずの土地の人々との信頼関係を粘り強く築き上げてビジネスを成立させ、やがて全国に支店を広げていきました。それは、「一時的に儲けて、だめになったらそのビジネスからは手を引く」というような安易な考え方ではありません。地道なビジネスの継続で世間の信用を得ていくという、長い目で見て成功を一歩ずつ築き上げていくビジネスのやり方です。

情けは人のためならず（なさけはひとのためならず）

という諺はもともと、人にかけた情けはいずれ自分に返ってくるという意味ですが、「三方よし」は、利害の関係というよりも、「人情」の関係だと解釈すべきでしょう。

百里を行く者は九十を半ばとす（ひゃくりをゆくものはきゅうじゅうをなかばとす）

というように、長期的な視点で油断をせずに歩んでいくべきです。

●働く基本はまじめさ

江戸いろはカルタに出てくる諺は、日本人の正義感や価値観を実によく表していると私は思います。皆が住みよい社会を築くための、他の人に対する気配りの大切さや、まじめに努力をして人に暖かく接するという幸福な生き方の知恵が感じられます。

夫婦仲が良くて子宝に恵まれるという幸福な家庭を築くには、懸命に働いて品行方正に生きることだ、という意味の諺が、

律義者の子だくさん（りちぎもののこだくさん）

です。

わが国では晩婚化が進み、二〇〇八年時点で男女の平均初婚年齢を見ると、夫は三〇・二歳、妻は二八・五歳です。私自身も結婚は四〇歳の時で、それ以前は仕事にかなり打ち込んでいま

した。「一生独身でもよい。仕事が充実しているから」と考えていたものです。仕事仲間にも独身者が多くいました。

価値観や事情がそれぞれに異なる今日では、結婚することや子どもを持つことが当然の人生の幸せだと決めつけることはできないでしょう。

ただ、この諺が言わんとするところは、「律義者が幸せな人生を送れる」、つまり律義者になろうよ、ということです。楽な仕事をすることを考えたり、人を蹴落としたりしてのし上がることを考えたりするのは、一時的には良い結果となることもあるかも知れません。でも、長期的に見ると、人生は「律義者」つまり懸命に働くことで、経験や知識が増え、良い出会いにも恵まれていくと言えるでしょう。

類を以って集まる（るいをもってあつまる）

「類は友を呼ぶ」とも言われますが、善人は善人同士、悪人は悪人同士、というように、似たところがある人同士が集まって仲間をつくるものです。

それならば、人が見ていないところで悪事を働くのはよいのではないか、あるいは人に迷惑をかけていないのだから自由に振る舞うのはよいのではないか、と思う人もいるかも知れません。電車の座席で脚を広げて鞄を座席に置いているスーツ姿の社会人や、電車に乗りながら化粧をする女子高校生は、恐らくこういう考え方なのではないかと思います。

取引先との商談や上司との打ち合わせで疲れているのかも知れません。でも、社会人ともなれば、どこに知り合いの目があるか分かりません。そして、周囲に与える雰囲気が悪ければ、親しい間柄でもない限り、知り合いといえども声を掛けにくいものです。さらに悪いことに、後から「先日、〇〇さんが電車の中で……」などと人に話されたりすることもあります。

また、化粧をしている女性は確かに美しいと思います。でも、目の前でそれをされると、こちらの人格をまったく無視されているような違和感を私は抱いてしまいます。「人に迷惑をかけていないのだから……」。とんでもないです。人に嫌な思いをさせることは、間違いなく迷惑をかけていることなのです。

天知る地知る（てんしるちしる）

というのは、誰も見ていないと思っても天の神様が見ている、地の神様もちゃんと行いを見ている、という意味の諺です。

神仏が登場する諺は多いのですが、特定の宗教というよりも日本人の信仰心と言うか、人智を超えるものや他者に対する謙虚さの表れだとも言えるでしょう。そう言えば、「罰が当たる」という言葉も今や死語かも知れませんが、そのような道徳的な謙虚さをオカルト的な話と一緒くたにして「非科学的」と片付けてしまうことは、もったいないことです。戦前、国家が上から強制した「道徳」とは違うのです。庶民の生きる知恵として後世に残された諺の価値観を一概に否定すべきではないし、むしろその世界観や精神性を楽しみたいと、私は思っています。

水清ければ月宿る（みずきよければつきやどる）

は、穏やかな人柄で心の清らかな人は、神仏に守られ助けられる、という意味の諺です。

頭隠して尻隠さず（あたまかくしてしりかくさず）

は逆に、完全に隠したつもりでも隠しきれていない、つまり都合の悪いことを隠して取繕っても必ずボロが出るものだと、冷笑する意味の諺です。

天網恢恢祖にして漏らさず（てんもうかいかいそにしてもらさず）

とも言います。悪いことをした者は、早かれ遅かれ必ず天罰を受ける、という意味です。

ただ、このような話題に触れる時に、忘れてはならないことがあります。「そう言っている自分自身は一体どうなのだろう」ということです。人間は自分でひそかに気が付いている自分の欠点を他人に見つけた時、その他人を悪く言ってしまうことがあるのです。それを聞いた人は「言っている本人にも同じ欠点があるのに」と感じて返事に窮するということは多々あります。

同じ穴の狢（おなじあなのむじな）

ということですね。

人のふり見て我がふり直せ（ひとのふりみてわがふりなおせ）

なくて七癖あって四十八癖（なくてななくせあってしじゅうはちくせ）

ということを忘れずに謙虚に我が身を振り返りながら、「自分が人からどう見えているのか」を常に考えて行いを正していきたいものです。そして、律儀に働きましょう。それが、我が国の庶民、先人たちが苦労の中から実感して後世に残してくれた生きる知恵なのですから。

●企業の規模と働き方の関係

日本には中小企業が多くあります。大企業は全体のおよそ一パーセントしかなく、大部分は中小企業であって、その比率は九九パーセント以上です。被雇用者の八割以上が中小企業で働いていると言われています。まさに「中小企業立国」と言ってもよいかも知れません。

しかしながら、求職者は大企業を志望するという強い傾向が見られます。そのため、狭き門に大勢の求職者がひしめき合っている状況です。中でも企業の知名度が志望者の多い・少ないに影響しています。「コマーシャルを見たことがある」とか「製品を購入したことがある」とか、あるいは「誰もが知っている」という企業に多くの求職者が押し寄せます。

そうした状況に対して、私は一面では理解できます。就職は人生の中の一大事で、結婚のようなものだと私は思います。だから、「よく知らない相手とは結婚できない」という思いと同様に、「よく知らない会社では、働くイメージができない」という思いは、とても理解できるのです。

ただ、繰り返しになりますが、日本の企業の大部分は中小企業です。

製造業で言えば、名の通った大企業は完成品メーカーですが、高い技術力を有する中小企業から供給される部品があってこそ大企業の製品は完成します。精密で細かい部品から大きな部品が作られ、それが集まって完成品になります。大企業は単独でモノを作れません。高い技術力を持つ多くの中小企業に支えられて存在しているのです。ところが、両者の知名度には雲泥の差があり、求職者の応募に関しては、中小企業が圧倒的に不利な状況に置かれています。

という様相です。頼りにするなら力のある者の方がよいという意味です。でも、企業の規模と、「力があるかどうか」は、本来は別物です。

私はこうした状況は、求職者、特に大学生が現実の企業を知らないことによる歪みの表れだと思っています。

寄らば大樹の陰（よらばたいじゅのかげ）

企業の寿命が「三〇年」とも「四〇年」とも言われ、その時々で「花形産業」と見なされる産業が目まぐるしく移り変わる中にあって、「大企業は安定している」というのは、全くイメージだけで物事を考えていることの証拠ではないかと思うのです。

大企業でも中小企業でも、自分が配属されて働く職場は小さな部署です。大企業に入って何千人が同じ空間で机を並べているわけではなく、数人から数十人の部署に配属されて働くわけです。

私が住む石川県は、ＩＴ産業が比較的盛んです。高性能ディスプレイの「ナナオ」や、スキャナーの「ＰＦＵ」、外付け機器の「アイ・オー・データ」といった規模の比較的大きな会社から、中小のＩＴ部品メーカーや、規模の比較的小さな情報システム会社などが存在しています。

ＩＴ業界と言えば、ＩＴ技術者が取得する資格の代表的なものに「オラクルマスター」があります。プラチナと呼ばれる資格が最上位で、ゴールド、シルバー、ブロンズと続きます。中小企業ではプラチナ取得者の比率が高く、大企業ではブロンズ取得者の比率が高い傾向が一般的に見られることは、あまり知られていないかも知れません。

これはどうしてかと言えば、中小企業では、一人当たりに集中する業務の範囲が広く、一人で何役もこなさなければいけないからです。対する大企業は部署と業務が細分化され過ぎていて、一人当たりの業務の範囲がかなり狭いのです。

以前、次のようなケースがありました。東京に本社があるとても有名なＩＴの大企業に五年以上勤めたＩＴ技術者が、石川県で転職先を探すことになり、相談を受けたことがあります。本人は、前職が有名企業だったことから転職はすんなりといくだろうと思い込んでいました。ところが、五年以上働いているにも関わらず、細分化された部分的な業務を担っていたために全体的な業務を知らず、石川県の企業からは相手にされなかったのです。「そんなことも知らないのか」という言葉を何度も耳にしたそうです。

山椒は小粒でもぴりりと辛い（さんしょうはこつぶでもぴりりとからい）

という諺に言われる現実、つまり、規模は小さくても優れた能力を持っていることがある、ということを、この人は身を持って知ったのです。

事務系と呼ばれる業務でも、零細企業の事務職ならば、来客応対・発注・給与計算・原価計算・会計決算・ホームページの管理・役所への様々な提出書類作成など、総務・購買・人事・経理・情報システムなど、一人の事務員がすべてに渡って担当するケースが珍しくありません。社長や他の社員とのコミュニケーションも緊密です。それに対して、大企業はそれぞれの業務が多くの部署に細分化され、部署内でも役割が細分化されるのです。五年働いてどちらが力を付けるか、言わずと知れたことです。中小企業の事務職のほうが、

鬼に金棒（おににかなぼう）

という、極めて強力な力を備えて、どの社員からも困ったときに頼りにされる存在になれる可

能性が高いと言えます。

工場においても、中小企業の場合は「多能工」と言って、休んだ人がいる他部署の応援を、誰もが出来るような技術力を身に付けるために社員を訓練する体制を取っています。また、製造業の中小企業には、多品種・少量生産をしている企業が多いからという理由もあります。

志望先の企業を選ぶに当たって、「企業にぶら下がって生活を保障してもらおう」と考えて大企業を選んでいるのなら、大間違いかも知れません。そうした姿勢が垣間見える人は、大企業も採用を躊躇します。私は、今の日本で生きていく上で、「政府に生活を保障してもらおう」「企業に生活を保障してもらおう」という考え方では、危険だと思っています。そんな余裕は政府にも企業にもありません。自立的な考え方が大事だと思っています。その欠如が、今日の日本企業のパワーの低下を招いている一因かも知れないと思います。例えば電機の企業を志望する求職者が、「電機が好きだから」ではなく、「その企業は規模が大きいから」という理由で応募して面接を通過する人が多くなるとしたら、それはその企業にとっては危機的な状況かも知れません。

青雲の志（せいうんのこころざし）

という、高い志を持つことも、現代の日本人は忘れているのではないでしょうか。大きな夢を人に語ると、「そんなの無理に決まっているのに」と何の根拠もなく決めつけられ、白い目で見られる風潮は決して良いことではありません。日本の高校で英語を教える旧知のオーストラリア人英語教師が、「日本の高校生が夢を持っていない」ことに驚いて、「高校生ならこれからの長い人生でどんなことでも実現できる大きな可能性があるのに」と、私に言ったことがありました。

比較的短期間で幅広く仕事を覚えて、企業の中でさらに上を目指すもよし、そうしたキャリアを確かな土台にして次の道に進むもよし、と考えるなら、中小企業を就職先に選ぶという選択も出てくるのではないでしょうか。

そもそも、大企業が良いか・中小企業が良いか、というよりも、それぞれの持つ強みはかなり異なるので、それを踏まえて志望先を選んで欲しいと思います。

中小企業は経営者との距離が近く、自分の能力や頑張りを直接認めてもらいやすいと言えます。大企業は部署や社員の数が多い分、多様な人材が集まっていて、意識すれば広い視野を持つことも可能な環境にあります。企業に入社して実際に働き始めると、どんな企業にも、どんな社員にも、長所と短所とがあるのが現実です。

人間万事塞翁が馬（にんげんばんじさいおうがうま）

昔、中国北方の賽《さい》に住んでいた老人の飼っている馬が逃げました。逃げた馬は、やがて立派な馬を連れて帰ってきました。老人の息子がその馬を気に入り、乗って遊んでいたところ、落馬して足の骨を折る大怪我を負ってしまいました。一年後に隣国との間に戦争が起こり、若者たちのほとんどは戦死しましたが、足を骨折していた息子は兵役を免れて命が助かったのです。その故事からきた諺です。

つまり、人生とは幸福が不幸を招き、不幸が幸福を招くこともあるということです。「この企業に入りさえすれば安泰」などということは無いということなのです。

そして私は、知名度が低い中小企業にも望みたいことがあります。石川県にあるＩＴ部品メーカー「石川サンケン」という企業は、毎年夏休みと冬休みに地元の小学生を招いて、「ものづくり教室」を開いています。一日掛けて採寸・切断・ハンダづけ・組み立てなどを社員の指導を受けながら行い、ラジオなどを組立てて持ち帰るというイベントです。昼食は同社の社員食堂で食事を振る舞います。長年続けているこの取組みの成果もあって、同社では親子で働いている社員が多く見られます。また、石川県白山市に本社がある「ナナオ」でも、毎年、家族を対象とした職場見学会を行っています。「職場で働いている社員の姿を見せる」という取組みは、どんな企業でも出来る取組みではないでしょうか。働く姿を見せることで、「企業の顔」が見えてくるようになります。

ところが、製造業の企業に見学をお願いすると、製品や工作機械を見せたがります。それも大事ですが、企業の知名度を地道に上げるには、「社員が働いている環境」「社員が創意工夫をしている活動」「苦労をどのように乗り越えて人間的に成長しているのか」など、社員の姿を見せるのが一番良いと私は思います。それをやらなければ、「社員数何名」「売上幾ら」という表面的な基準に基づいてしか、求職者は企業を選びようがなくなります。

今日、多くの製造業の企業は規模の大小に関係なく、職場がずいぶんときれいになってきました。かつては３Ｋ（キツイ・キタナイ・キケン）などと言われた時代もありましたが、その後の５Ｓ（整理・整頓・清掃・清潔・躾）の取組みによって、きれいな工場が増えてきました。

来客に対して爽やかに挨拶をする工場の社員も、増えてきたように思います。

また、多くの工場の掲示板には、社員の改善提案やＱＣ（品質管理）の活動を知らせる掲示物が貼られています。とりわけ中小企業においては、そうした活動によって頭角を現し、幹部候補となっていく社員も多いのです。これらは製造業の企業にとってはごく普通のことに過ぎないでしょうが、一般的には全くと言っていいほど知られていないことです。

学生の工場見学に同行すると、彼らは、イメージと全く異なるそうした現実に驚きの声を上げていることを、中小企業は知って欲しいのです。

やはり野に置け蓮華草（やはりのにおけれんげそう）

どんなものにも、それに相応しい場所があるという意味です。その人が一番輝けるフィールドというものがあり、ただイメージだけで人の真似をして自分の人生を決めようとするのは、自分の特徴を無視した振る舞いです。自分が輝ける、自分にとっての適材適所を見極めることが大事なのです。

だから、学生やその家族、そして大学もイメージに捕らわれた判断をしないで欲しいのです。私はある時期、ある大学の就職支援室で、キャリア・カウンセリングを担当していたことがあります。学生と個別に行うキャリア・カウンセリングで、ある学生と回を重ねて対話をしながら学生自身の自己分析を深めさせていった結果、その学生の働き方には中小企業が向いているという方向性が見えてきたことがありました。ところが、就職支援室の責任者は、「もっと有名企業を目指させて欲しい」と私に言ってきたのです。大学とすれば、外部に公表する就職先で少しでも多くの有名企業の名前を載せたいのが心情でしょう。その事情は分かりますが、就職はその人の一生を左右する重大事かも知れないのです。

高校は大学進学率を競い、大学は有名企業への就職実績を競う、という現在の仕組みは、親の意向にも沿うものかも知れませんが、果たして学生本人に合った生き方に結びつくのかどうか、考えさせられる風潮です。

商業高校や工業高校などの、実業系高等学校の卒業生は、企業にとって即戦力と見なされますが、就職ではなく進学を選び、あまり勉学・研究・キャリア教育に熱心ではない雰囲気の大学へ進学してしまうと、企業にとってはもはや欲しい人材ではなくなってしまう、という例も多々あることを知って欲しいと思います。

有名企業という肩書きや学歴という肩書きは、中小企業立国であって少子化による大学全入時代を迎えているわが国にあっては、あまり意味がないように私には思えます。

企業に入ってから学ぶことや得られる経験は、学生時代よりもはるかに大きく、かつ人生に大きな影響を及ぼすことだけは間違いありません。

キャリア・コンサルティング（カウンセリング）の現場から①

〜世界で無限の市場を開拓する和太鼓の企業

和太鼓を趣味とする人にとってはおなじみですが、石川県白山市に、一六〇九年創業の「浅野太鼓」があります。和太鼓の製造・販売でシェアが一位の企業です。同社は、和太鼓によるグッドデザイン賞に三度挑戦し、そのたびに受賞をものにしてきました。

現代は、街も家も、様々な音に溢れています。その中にあって、間近で接すれば聴く者の身体の奥深くにまで響いてくる和太鼓は、私たちの生活の中では、自ら求めない限りそれほど接する機会は多くありません。

思わず、和太鼓を手掛ける企業はさぞ大変だろうな、とも思ってしまいます。でも、そう思うのは浅野太鼓を知らない人の勝手な想像に過ぎません。

同社の正式名称は、「株式会社浅野太鼓楽器店」で、敷地内には工場、店舗や美術館がありますが、他にも、太鼓教室や、練習スタジオ、書籍の出版、イベントの企画・プロデュースなどを手掛ける「財団法人浅野太鼓文化研究所」を有しています。

つまり同社は、製造・販売・修理・レンタルだけでなく、和太鼓の文化を国内外で広めるために尽力している和太鼓の総合企業なのです。林英哲や鼓童といった有名な太鼓奏者との結びつきはもちろんのこと、アメリカで一〇〇を越える和太鼓のチームを育てることも手掛けてきました。そして、ラスベガスのホテルやディズニーのアトラクションで和太鼓が演奏されるまでに、アメリカで定着させてきたのが同社です。

一口に和太鼓と言っても、全国それぞれの地域ごとに伝統的な音が異なるのだそうです。同社の専務・浅野昭利氏は、すべての音の違いを聞き分けられると言います。そして、地域に応じた音を響かせるために、胴の内部の彫り方や皮の張り方に変化を加えるのです。

伝統産業や老舗と呼ばれる企業に接する時にいつも感じることですが、変えてはいけない部分と、変えながらさらに強くしていく部分とを、それらの企業は、常に意識しています。そして、時代の最先端に立とうとする姿勢をいつの時代であっても持つことこそが、企業を長く存続させる鍵だと、私は思うのです。

同社の社員に接してみると、その仕事ぶりはまさに職人技だと感じます。製造部門も接客部門も、それぞれの社員が楽しんで仕事に取り組んでいる様子が見られます。多くの社員は太鼓奏者でもあり、それぞれが住んでいる地域の活動にも参加しています。そして、驚くことに同社では、朝は始業時間の一時間前には全社員が職場に揃い、その日の準備を始める習慣があるというのです。

工場で太鼓の胴を加工する社員に、「入社してどれくらい経ちますか」と私が尋ねたところ、その社員は、「私はまだ一〇年しか経っていません」と答えてくれました。一〇年ならば一般的には中堅の域に入っていると思うのですが、同社における社員の勤続年数の長さを感じさせる答えです。

浅野専務は、「ただの太鼓屋かと思われるのが嫌で、常に太鼓の世界の最先端を走ることにしている」と述べています。それは浅野専務一人の思いではなく、社員全体の思いなのでしょう。

そして、恐らく自分たちの手で伐採することが適わないであろうにも関わらず、将来のための植樹も、同社は計画的に行なっています。過去も未来も越え、地域も国も越えて和太鼓と和の文化を発展させ広めようという浅野太鼓には、不況だとか、伝統産業の危機的な状況などという言葉は、全く相応しくないことです。オンリーワンの強みを持つ同社には、今後やるべき仕事が数限りなく見えているのです。

また、同社は、「有名大学の出身者が知名度で目指す有名企業」という類の企業ではありません。同社のような企業では、採用した人を強力な人材に育てて使っていくという仕組みが不可欠です。

浅野氏は、そうした教育のポイントとして、「人生は長い。その人生の中で身に付ける〝生活力〟が、学習するということ。常に問題意識を持って経験を積んでいくこと。経験は刺激になり、考えるようになる。そうすれば、先を読む力と知恵が身についていくのだ」と語っています。

一見すると仕事には無関係とも感じる同社の社員の、それぞれが住む地域での地域活動への参加も、「仕事か地域か家庭か」などという選択肢の話ではないということです。多様な人々が暮らす地域共同体の活動からは、生活者の視点が得られるほか、仕事に取り組む姿勢や視野を広げることにとっても、充分役に立つ収穫があるということなのでしょう。

同社を見ていると、「企業という組織を人間が構成している」というよりも、「それぞれに人間味のある人々が集まって企業という組織を成り立たせている」のがそもそも企業なのだ、という思いを抱きます。

流れに掉さす（ながれにさおさす）

つまり、時流に乗って物事を順調に進めることの意味ですが、同社は、その時流を自らつくり出しているかのようです。

第二部　日々の仕事の様々な場面で使える諺

備えあれば憂いなし（そなえあればうれいなし）

仕事は準備が必要だということ。仕事の流れは、P・D・C・Aサイクルで成り立っています。つまり、PLAN（計画）→DO（実行）→CHECK（検証）→ACTION（対処）の繰り返しが仕事です。メインの仕事に取り掛かる前にはそれを成功させるための計画を立て、仕事を終えれば成果が出たのかを検証し、改善点があれば手を打って次の仕事の計画を立てる、という繰り返しです。

営業の仕事をよく知らない人は、営業職が一日中お客さんを訪問していると勘違いすることがあります。しかし、何の下調べもなく、また、相手に合わせた資料の準備もなく、ただ闇雲に訪問して成果が上がるわけではありません。営業の仕事は、

段取り六分（だんどりろくぶ）

とか、

段取り八分（だんどりはちぶ）

と言われています。つまり、事前の準備が六割や場合によっては八割くらいのウエイトを占めているという言い方です。もちろん営業する商材の種類や企業の営業方針によっても異なりますが、営業の仕事を成功させるにはそれくらい事前の準備が必要だという意味です。

仕事をよく知らない人が勘違いしやすい職種として、他には「事務職」というものもあります。「私は人とのコミュニケーションが苦手なので、一日中パソコンに向き合っている事務職がしたい」と語る学生がいます。とんでもないことです。事務系の仕事は、約八割がコミュニケーションの仕事だと言われています。別の言い方では、事務職は「気働《きばたら》き」だとも言われます。社内外のあらゆる人たちへの気遣いとそれを言葉で表現するコミュニケーション能力が、大変に重要な職種です。

仕事に行き詰った時、仕事を辞めたい・職場を辞めたい、と思うことはよくあることです。石川県労働企画課が二〇〇三年に調査した興味深い資料があります。離職・転職をした若者に、その理由を尋ねたものです。その結果は次の通りでした。

人間関係　二〇・八パーセント
仕事の内容が合わない　二〇・五パーセント
勤務時間・休日　一五・五パーセント
賃金・手当てなど　一四・一パーセント
他にしたい仕事が見つかった　一四・一パーセント
仕事の内容が想像と違った　一二・四パーセント

やはり、「人間関係」や「仕事の内容」という理由が上位にきています。細かく見れば、実は勤続年数が少ないほどその傾向が強く、勤続年数が長くなれば、「勤務時間・休日」など他の理由が増えてきます。結婚などの生活の変化が経年で生じるだろう事は想像できます。

もう一つの、同時に行われた調査があります。仕事を辞めたいと思ったものの、辞めずに仕事を続けた人に対して尋ねたものです。離職・転職をせずに仕事を続けてきて良かったと思うことは何か、という問いに対して、次の結果が出ています。

仕事の仕方・進め方がわかってきた　四八・一パーセント
いい人間関係を築くことができた　三一・五パーセント
きつい仕事にも慣れてきた　三〇・一パーセント
仕事にやりがいがでてきた　二七・八パーセント
自己の能力が向上した　二六・九パーセント
任される仕事が大きくなってきた　一九・四パーセント

二つの結果を比べてみると、興味深い推測ができます。

つまり、「人間関係が合わない」とか「仕事が合わない」とか言うよりも、それに慣れていないうちに「自分には合わない」と思い込んでしまっている可能性があるということです。再就職支援の現場でも、確かにそう訴える人は多いです。でも、その気持ちを乗り越えて働き続けることによって、人間関係や仕事に慣れてくる、つまり、自分がその職場に合うようになっていくものだ、という推測も可能なのです。仕事を続けた人が答えている「仕事の仕方・進め方がわかってきた」とは、すなわちコツがつかめてきたということであるでしょうし、良い人間関係を築くのも社会人にとっては時間が掛かるものだ、ということも推測できます。

また、入社する前に想像していた「やりがい」は恐らく入社後の現実によっていったん崩れるものの、仕事に慣れていくと新たにやりがいが見つかるものだということも想像できます。

住めば都（すめばみやこ）

と言うではありませんか。つまり、最初は自分に合わない環境だと思っていても、その世界の新参者にとってそう思うのは当たり前かも知れません。でも、やがて慣れるうちに、そこが都と思えてくるということです。

職場では、数々のミーティング・打ち合わせ・会議などが行われます。そうした場では自分の意見を言わず、おとなしくだまっているのがよいと思っている人はいませんか。

出る杭は打たれる（でるくいはうたれる）

という諺もあるくらいだし、と。でも、社員は自分の考えや問題意識を持ちながら創意工夫をして仕事に取り組まなければいけません。ミーティングで発言をすることがなければ、場合によっては、「何も考えようとしない」とか「やる気がない」と勘違いされてしまうことだってあります。何を考えているか分からない人は、重要な仕事や新しい仕事を任されることも少なくなるでしょう。では、これをどう考えればよいのでしょうか。次のような諺があります。

紅は園生に植えても隠れなし（くれないはそのうにうえてもかくれなし）

美しい紅花は庭に植えても他の植物に紛れて隠れてしまうことはない、つまり、光るものがある人は大勢の中にいても目立つということです。また、

能ある鷹は爪を隠す（のうあるたかはつめをかくす）

という諺もあります。職場においては、相手を尊重する態度と謙虚な言い方が好まれます。つまり、喧嘩腰で自己主張をするのではなく、他の人を気遣いながら、受け入れてもらえるような言い方をするということです。柔らかい表情で、「クッション言葉」を使いながら、つまり、

「一つ確認させていただいてよろしいでしょうか」「私も実は一つ思っていることがあるのですが……」などと切り出せばよいのです。

これは何も日本の職場や日本の社会だけの話ではありません。ビジネス英語にも、「アサーティブ・コミュニケーション」と言って、相手を傷つけない遠まわしな言い方がちゃんとあるのです。

小規模でお互いの距離感が濃密な職場では時おり、

悪貨は良貨を駆逐する（あっかはりょうかをくちくする）

という現象が起こることがあります。これは元々西洋からもたらされた諺で、質の悪い貨幣は質の良い貨幣を駆逐するという意味です。悪いものの方が良いものよりも広まりやすい、ということを言っています。一人の人間の中にも「悪貨」と「良貨」の両方が潜んでいるということもあります。

そこからひるがえって、組織の中ではやる気のない社員がやる気のある社員を駆逐していくという現象が起きることがあります。あるいは、誰かが手抜きをした仕事のしかたを始めると、次第にそれが他の社員にも広まっていくという現象もあります。そうした現象が諺の通りとなって、全体に影響を与えかねない場合には、管理職には決断が求められます。

泣いて馬謖を斬る（ないてばしょくをきる）

つまり、規律を守るために、泣きながらでも、愛するものに罰を与えることが必要な場面があるということです。諺の元になった三国志の英雄・諸葛孔明は、腹心の部下であった馬謖が命令に背いたために大敗をもたらしたことから、規律を守るために斬罪《ざんざい》に処しました。管理職は部下を斬るわけにはいきませんが、事態を打開することが求められます。

ただし、諸葛孔明は他の部下の士気のために馬謖を切ったのであって、他のメンバーのやる気を削ぐような結果をもたらすためではなかったことに、注意を払うべきです。ある部下を咎めた結果、他の部下との信頼関係も崩れるようでは本末顛倒です。

また、

角を矯めて牛を殺す（つのをためてうしをころす）

という諺があります。とても立派な牛だけれども角の向きが少しおかしいとばかりに、力ずくで角を矯正しようとした結果、牛が死んでしまったという意味です。人間には誰しも短所がありります。反対に長所も必ず誰にでもあります。部下の短所にばかり目を向けて責め立てていては、持ち前の長所の発揮も出来ずにやる気を失ってしまいかねません。気をつけたいものです。

そもそも

家来とならねば家来は使えぬ（けらいとならねばけらいはつかえぬ）

と言います。家来の気持ちを思いながら接することの大切さを説いているものです。

効果のない無駄な仕事の進め方を戒めた諺が、幾つかあります。

小田原評定（おだわらひょうじょう）

とは、一五九〇年、豊臣秀吉の軍勢に小田原城を取り囲まれた北条氏が、来る日も来る日も会議に明け暮れて、戦闘か降伏かの結論を出せないでいた史実に基づいています。一〇〇日経ってもまだ結論が出ませんでした。そのうちに、準備万端整えた豊臣の軍勢に滅ばされてしまった戦国時代の歴史からきている諺です。

全員の知恵を集めて発展的な結論を下すには、ファシリテーター役（議論の推進役）を配置して、話し合いのプロセスが全員に見えるような形で会議を進める必要があります。「どの意見が正しいのか」ではなく、アイデアを積み上げていく必要があるのです。企業の多くのミーティングで見られるように、ホワイトボードに発言を次々に書き留めていくのはそのためです。

確かに、結論が先にあって原案に対する承認を得ようとするだけの会議は、企業運営上、形式的に必要な場合もあります。例えば株主総会などです。しかし、会議によって社員のやる気や参画意欲を喚起しようとする狙いならば、原案を押し通すことに汲々としたり、声の大きい人の意見だけを通したりといった会議のやり方は、改められなければいけません。

全員の意見の「共通点」と「違い」を整理すれば、「違い」というものは、〝対立点〟というよりも優先順位をつけるべき〝幅〟であったり、時系列を表していたりするものだということに気づくことができます。

瓢箪で鯰を押さえる（ひょうたんでなまずをおさえる）

表面がつるつるした瓢箪を使って、ぬるぬるした鯰を取り押さえようとすることです。要領を得ない話し方や指示の出し方をする様子、または、いくら質問をしても相手が何となくはぐらかしてしまうような様子を揶揄して戒めている諺です。

社内の報告・連絡・相談などのコミュニケーションは、具体的でなければ誤解を生みやすく、意思疎通が図れません。事実と推測とを区別して伝えることや、５Ｗ２Ｈ（いつ・どこ・だれ・なに・なぜ・どのように・いくつ）を用いること、また、主語と述語をはっきりさせることなどが、ビジネス上のコミュニケーションには必要です。

それが無いコミュニケーションは、

唐人の寝言（とうじんのねごと）

です。つまり、何を言っているのかさっぱり分からない、という意味です。

賽は投げられた（さいはなげられた）

サイコロが投げられたら結果が出るまでは止めることができない、という意味です。これは、ローマ帝国の軍人カエサル（シーザー）が言った言葉です。紀元前四九年、カエサルがガリア（中央ヨーロッパ）の総督だった時、軍隊を伴わずにたった一人でローマに戻れ、という政敵のポンペイウスからの指令がきました。それにはカエサルを裁判にかけて失脚させようという意図が含まれていたのです。カエサルは指令に反して五〇〇〇人の軍隊を引き連れて、南下しました。ガリアとローマの境界を流れるルビコン川を渡れば、カエサルの行為は反逆罪とみなされ、あとは武力で決着をつけるしかなくなってしまうのです。もう後戻りはできない、決着がつくまではやめられないという決意を込めて、カエサルはこの言葉を発しました。

さて、仕事もまた真剣勝負です。自分と企業の運命がかかっています。他社や外国企業と、戦う前に屈服するという日本企業の姿は誰しも見たくないでしょう。新規市場を切り開くのは言ってみれば戦いです。そして、それをいったん始めたならば、成功するまで動きを止めてはいけません。二〇世紀の日本企業はそうでした。でも今や、そうした姿勢が感じられるのは、残念ながら日本企業ではなく、韓国や中国の企業です。

仕事とは、成功に至るまでやり続けることなのです。

餅は餅屋（もちはもちや）

ものごとにはそれぞれの専門家がいるという意味です。部下の適材適所を判断して、得意分野を見極めたり、成長する可能性に期待を掛けたりして仕事を与えるのが大事です。でもその反面、

傍目八目（おかめはちもく）

という諺もあります。当事者よりも傍観者の方が物事を的確に判断できることもある、という

ことです。これは囲碁からきている諺ですが、他人の囲碁をはたで見ている人は八目先まで見通せるという意味です。部下に任せた仕事をフォローする上司には、まさにそうした役割があるのです。

人を見て法を説け（ひとをみてほうをとけ）

人に話しかけたり関わったりする時は、相手を見てこちらの言動を変化させよ、という意味です。「法」は仏法のことで、釈迦は相手の性質や能力に応じて、理解できるように真理を説きました。

そういえば、仏教用語に「方便」という言葉があります。サンスクリット語の「ウパーヤ」を漢語訳した言葉ですが、その意味は、「真理へ近づく手段」ということです。難しい言葉を並べるだけではなく、分かりやすい例え話を用いて説明すると、相手に理解されやすいものです。そういえば、

嘘も方便（うそもほうべん）

という諺があります。「嘘」というよりも、「例え話」と解釈した方が対人関係で無用な角が立たないでしょう。

嘘吐きは泥棒の始まり（うそつきはどろぼうのはじまり）

という諺があることも思い出してみましょう。ビジネス相手に選ぶならば、正直な企業がいいか、それとも嘘つきな企業がいいか。上司は誠実な人がいいか、口から出まかせの嘘つきな人がいいか、誰しも判断できるに違いありません。

キャリア・コンサルティング（カウンセリング）の現場から②

～企業に予定外の採用を決断させた学生の売り込み

田中智子さん（仮名）と私が初めて会ったのは、彼女が大学三年の時でした。春の初めの頃、大学生にとっては就職活動が佳境に入ってくる頃のことです。

工業系の大学に通う田中さんは、高校時代に父親の仕事を手伝って幾つかの企業に工業部品を届けることを経験していました。そうして足を運んだ企業の中で、彼女はやがて、「将来この企業で働きたい」と思える企業に出会いました。それは、田中さんの出身地の地方都市では志望者の多い有名企業と言える、鉄鋼関係の製造業企業・A社でした。

その企業で将来働くための準備として彼女が選んだ進学先は工業大学であり、在学中にも「ダブルスクール」と言って、大学に通いながらビジネススクールにも通いながら、彼女は秘書検定や簿記を学んで資格を取っていました。また、あらためてA社のことを調べるうちに、A社の経営理念や考え方に深く惚れこんでいったのです。

そして、満を持して就職活動に望んだところ、高校時代から入社を熱望していたA社から何と、「今回は女性の採用枠がありません」との通告を受けました。後に分かったことなのですが、女性が働きやすい環境を整えているA社では女性社員の定着率が高く、A社が理想としている男女比のバランスを維持するためのその年の採用方針だったのです。

仕方なく、田中さんは名前を聞いたことがあり周りからも勧められた電子部品メーカーのB社を受けました。しかし、そこで働く必然性を感じることができていなかった彼女は、一次面接の面接官に、「どうしても我が社で働きたいという熱意が感じられない」と見透かされてしまいました。

就職活動の真っ只中にあって、この先どうすればよいか見えなくなっていた田中さんは、キャリア・カウンセリングを受けようと、当時私がカウンセラーを務めていた機関を訪れました。A社で働きたいという思いを胸に学んできた彼女の思いを傾聴して、私は当初、彼女の経験を活かして情熱を見出せる新たな志望先を共に見つけ出していこうというスタンスでした。そして、自己分析を深めるべく、カウンセリングの回数を重ねていったのです。ところが、自己分析を深めれば深めるほど、私は田中さんがA社で働かないのをもったいないと思うようになりました。そして、彼女はA社に対して、自分の熱意を伝える機会すらも持てずに諦めてしまっていることが残念でなりませんでした。

彼女は大学四年になり、A社ではすでに役員面接も終わり、採用活動は終わりを迎えようとしていました。でも、私は、A社に対してあらためて田中さんの熱意を彼女自身が伝えることを提案してみました。彼女は、「やれることをすべてやってみてからでないと、次の道に進めない」と、中途半端な気持ちを整理するためにも、もう一度A社にアプローチすることを決意しました。

そして、本人のメールと電話のほか、大学のキャリア支援室に対しても彼女はアプローチを依頼しました。その結果A社からは、「当社の採用はすでに終了間近です。採用枠はもうありません。なぜ採用できないか直接説明しますので、本社へ来てください」という返答を得たのです。

田中さんは履歴書と自己PR書を持参して、自らの熱意を伝えるべく、つまり彼女にとっては面接のつもりで、A社へ出向きました。そして、採用担当者に、次のように気持ちを伝えたのです。

私は高校時代に父の仕事を手伝って、御社を知る機会を得ました。様々な企業に足を運ぶと、第一印象と言いますか、その企業から感じられる雰囲気がそれぞれに異なります。

御社から感じられる雰囲気に惹かれた私は、その後御社のことを詳しく調べました。そして、御社で働きたいという強い希望を持ちました。そこで、私は工業大学を進学先に選び、同時に大学では学べない秘書検定と簿記を学ぶために、ビジネススクールへ通いました。昨今企業の不祥事が報じられていますが、私は企業のビジネスが社会の発展に奉仕するものであって欲しいと願っています。御社の経営理念を、私は世界に広めたいのです。

そして、A社で思い描くキャリア・プランを、田中さんは次のように語りました。

御社では、まず三年間は総務部で働いて社内の仕事の流れを掴みたいのです。その後、私は御社とお客様との接点である営業を五年間経験したいのです。私は、どうせなら今日の営業の最先端である、中国での営業がしたいと考えています。私を中国へ五年間行かせていただきたいと希望しています。そうして、私は本社の経営企画部へ戻り、いずれは社長の片腕として、後輩社員を指導し、御社の世界での発展と、経営理念を世界に広めるために力を尽くしたいのです。

田中さんは、その日会った採用担当者から、しばらくして連絡を受け取りました。それは、筆記試験と役員面接をしたいので再度本社へ来て欲しいという内容でした。役員面接では、とっさの的確な判断力（地頭力《じあたまりょく》）を問うような難しい質問が次々に浴びせられたものの、彼女は必死に自分の熱意を伝えるべく、堂々と答えていきました。その結果、担当役員から、「あなたのようなギラギラした女性を求めていた。我が社は女性社員にもっと力を発揮してもらいたいと制度を整備してきたが、男性の上司の下で働く時に、何がしかの遠慮があるのかも知れない。あなたを採用して、例えば、あなたをヘッドに女性だけの部署を将来つくることも考えてみたいと思う。採用します」と告げられたのです。

念願をかなえた彼女は、翌年春に入社後、人材活用課に配属となって生き生きと働き始めました。

まさにこれは、

思う念力岩をも通す（おもうねんりきいわをもとおす）

です。つまり、精神力を集中させて物事に取り組めば、どんなことでも成就する、という意味です。

第三部　ビジネスに応用する
江戸いろはカルタの解釈

日本社会で生きる知恵の結晶、諺を集め、遊びという形にして後世に残してくれたのが、「いろはカルタ」です。一七八〇年ごろにつくられた「京都カルタ」が最も古いものです。その後「大坂カルタ」が生まれ、これらは、「上方カルタ」と総称されます。ただし、今日最も一般的なのは、一八〇三年ごろにつくられた「江戸いろはカルタ」です。

江戸いろはカルタは、時代とともに採用されている諺が入れ替わり、今日市販されているものでも、販売元によって中身に若干の違いが生じています。ここでは、「ことわざ研究会」の時田昌瑞氏による諺の組み合わせ方を採用します。

そして、解釈が時代とともに変化する運命にある諺というものに対して、私は「ビジネスパーソンのための」、あるいは「働く人のための」という観点から解釈を加えてみたいのです。日常の生活全般から見た視点による、いろはカルタや諺の解釈本は、これまでにも多数出版されていますが、ここでは、仕事・職場・企業という視点から解釈を加えていきたいと思います。

■犬も歩けば棒に当たる（いぬもあるけばぼうにあたる）

本書の冒頭で書いたように、二通りの解釈があります。用も無いのに外出をすると災難に遭うという解釈と、逆に、出歩いて思わぬ幸運を当てろという解釈です。

今の日本のビジネスパーソンには後者の捉え方が必要ではないかと、私は思います。例えば、異業種交流やビジネスパーソンのためのカルチャー教室などに参加することで、視野が広がったり人脈の形成につながったりという経験もできます。

国が違っても社会で生きる人間の知恵には共通するものがあるようで、英語にも似たような意味の有名な諺があります。「A rolling stone gather no moss」です。日本語で

転生苔を生ぜず（てんせいこけをしょうぜず）

と訳されることもあります。転がる石に苔は生えない、ということです。

面白いことに、この諺は同じ英語圏であるイギリスとアメリカでは、解釈が全く逆なのです。

イギリスでは苔が生えるのを良い事だと捉え、「動かずに一か所に留まらないとお金が貯まらない」と解釈します。アメリカでは苔が生えるのを悪い事だと捉え、「一か所に留まっている人は出世できない。積極的に行動せよ」と解釈します。

転職は、日本では不利になるケースの方が多いので、単純に「転職してチャンスをつかめ」という解釈は成り立ちませんが、在職者にとっては、「時代はどんどん変化するのだから、常に自己啓発を怠ることなく社外に情報のアンテナを張り巡らせておく姿勢が大事だ」という意味で解釈することを勧めたいです。

■論より証拠（ろんよりしょうこ）

古いカルタの絵札にはワラ人形が描かれていました。「言い逃れしても無駄だ。人をのろった証拠があるぞ」というわけです。テレビの時代劇の「水戸黄門」や、かつての「遠山の金さん」などでも、印籠《いんろう》や桜吹雪の刺青《いれずみ》を見せる場面が登場しますが、決定的な物を見せられると、問題は早く解決します。

口先だけではなく現物が大事、その方が話も早い、というのはビジネスの世界がまさにそうです。

例えば、営業が商品あるいはその写真も見せずに、口先だけでセールス・トークをしてもなかなか成果は上がりません。

あるいは、何らかの提案を上司に繰り返し口頭で行っていても、重要な事柄はなかなか取り上げてもらえません。悔しい思いをして、「うちの上司は話が通じない」と恨みに感じる部下もいるでしょう。でも、それは、一階にいる人に、

二階から目薬（にかいからめぐすり）

を注そうとするようなものなのです。イライラするばかりで、ことは全くうまく運びません。それは実は、回りくどくて効果がないやり方だということを知らなくてはなりません。

上司としてみれば、経営的な判断を又聞きの話だけで上にあげるわけにはいきません。企業に何らかの判断を下してもらいたいなら、「企画書」や「提案書」など、目で見て分かるような判断材料の提出が求められます。

就職活動も同じで、応募書類や面接で、「私は……を頑張りました」「私は……に自信があります」と繰り返すばかりでは不充分です。そう言い切れるような具体的な根拠、つまり過去の経験などを話さないと、採用担当者には伝わりにくいのです。また、その経験をこの企業でどのように活かしたいのかを語らなければいけません。

花より団子（はなよりだんご）

花見は日本人の春の大きな楽しみの一つです。桜の花が咲き始めたのを見ると、「いつ花見に行こうかな」と思ってしまいます。歩きながらもう見たではないか、などと言うのは野暮なことです。「花見」と言えば、桜の木の下で飲み食いを伴うというのは、大概の日本人のイメージにあることとです。一般的に、「花見に行こう」と人から誘われて、「花をスケッチするのかな、それとも俳句を詠むのかな」という発想にはならないでしょう。

建前ではなく本音でいこうよ、取り繕った表面ばかりを気にするのではなく、実質を優先させることが大事だというのがこの諺の意味です。

もともと他人の集まりである職場では、必ず問題が次々に発生します。所詮人間がつくった制度や法律や思想にも、時代の変化とともに課題が見つかってきます。だからこそ絶えず改革していくことが大事で、そうでなければ傍目にみても「あの企業はおかしいぞ」ということになってしまいます。そのため、社員全員の参加によって、問題・課題を見つけ出して改革を続けていくことが必要なのです。

ところが、時折、「職場に問題がある。社員のやる気が落ちている」と言えない、あるいは言いたがらない雰囲気の企業や団体があって驚かされます。世間からはおかしいと指摘されても、それを受け止めることなく、言い訳で自分たちを騙そうとしている姿は滑稽です。世間は騙せていないのに。そうしたことを続けていると、

臭い物に蝿がたかる（くさいものにはえがたかる）

という組織になってしまいかねません。悪臭のするところにハエが集まるように、悪いものは同様の悪いものを引き寄せてしまうという意味です。

■憎まれっ子世にはばかる（にくまれっこよにはばかる）

この諺は有名ですが、「いたずらっ子が後に出世した」という意味にも使われるし、「世間から憎まれているような人が、むしろ組織で幅を利かせている」という意味でも使われます。

これは、世の中の真理を語っているというよりも、「そんなことがあるのもまた世の中だ」と思うほうがよい、ということです。割り切って、自分のもやもやした気持ちに整理をつけるのも大事だ、という役割の諺なのです。嘆いてみても現実が変わらないなら、嘆いても自分が苦しい思いをするだけ。「そんなこともあるよ。気にしても仕方がない」と自分の気持ちにけじめをつけましょうよ、ということです。

また、人を憎みだしたら、きりがなくなってしまいます。人間誰しも長所と短所がありますが、人を嫌えば、その人の短所の部分ばかりを見てしまうことになります。あるいは、

坊主憎けりゃ袈裟まで憎い（ぼうずにくけりゃけさまでにくい）

と、憎しみのあまり無関係のものにまで憎しみを向けてしまうこともあります。傍から見ると、相手と自分が「どっちもどっち」の同類にならないように、自分を戒めたいものです。

■骨折り損のくたびれ儲け（ほねおりぞんのくたびれもうけ）

精一杯努力して頑張ったのに、結果がうまくいかなかった、そんな時に自分の気持ちを慰めるのに使います。「世の中そんなこともあるさ」と。あるいは、自分のことを謙遜して言う時に使います。ただし、他人に対してこの諺を投げかけると、悪口になってしまいます。直接相手に対して言うと、逆恨みを買いかねないので気をつけましょう。

禍を転じて福と為す（わざわいをてんじてふくとなす）

の観点から、相手のためを思ってアドバイスをしてあげるのがよいでしょう。

屁をひって尻すぼめる（へをひってしりすぼめる）

失敗してから慌てて誤魔化そうとしたり、取り繕ったりしようとする様子を皮肉っている諺です。潔く「申し訳ありません」「失礼しました」と謝ってしまえば愛嬌になりますが、衆目を集める中で慌てて誤魔化そうとしても逆に見苦しさが目立つこともあります。

ただ、近頃はこの諺の下品さが嫌われてか、「へ」に対して、上方カルタで詠まれている別の諺を当てるカルタが多いです。

下手の長談義（へたのながだんぎ）

です。お寺の僧侶や企業の経営陣など、スピーチがやたらと長かったり回りくどかったり、あるいは聞き手のニーズに合っていなかったり、難しかったり抽象的だったり。そんな場面に出くわしてしまうこともあるでしょう。話し手を恨むよりも、「そんな人もいるよ」と気持ちを納めたいものです。あるいは内心で揶揄してもよいでしょう。ただし、これも直接相手に言ってしまうと関係をこじれさせかねません。

また、人前で話をする人は、聞き手の態度や表情を見ていれば、自分がこの諺の状態になっていないかどうかを判断できるはずです。

■年寄りの冷水（としよりのひやみず）

年寄りが自分の年を省みずに、無茶をすることを茶化した諺です。

仕事で経験を積んでベテランになってくると、多かれ少なかれ、自分のやり方が一番だと思い込むようになります。人それぞれの性格にもよりますが、常に部下に指図をしたがる上司は、仕事が手っ取り早く終わるかも知れません。ところが、それではいつまで経っても部下の自主性は育ちません。

「大局的・体系的に現状を把握して、自らが取り組むべき課題に責任をもって取り組んでやり遂げること」。それを部下が習慣にしなければ、「上司に言われたことを言われた通りにやっているだけ」の仕事の仕方になってしまいます。人は自分で決めたことに対しては情熱を持てますが、人から言われたことは嫌々やっているという現象もあります。そして、その結果がうまくいかなければ、それは自分のせいではなく、指図をした人のせいになってしまうのです。

親や学校の先生が、本人の適性を充分に見ることなく、どの業界は求人が多いとか、この成績ならあの企業に入れるとか、そういうアドバイスをすることがあります。仕事や企業というものをあまり知らない素直な若者がそのアドバイスに従って就職することがありますが、働き始めてから壁にぶつかった際に、親や学校の先生を恨むというケースに私は何度も遭遇してきました。

人を育てるのは難しく、辛抱がいるものです。

蛙の子は蛙（かえるのこはかえる）

何かにつけ、子は親に似るものだ、ということです。企業も社長の器以上には大きくならないと言うではありませんか。部下の状態もまた、上司の関わり方を反映しているととらえて、時には自分の姿勢を振り返ってみるべきでしょう。

一方、

亀の甲より年の劫（かめのこうよりとしのこう）

という諺もあります。これは反対に、若者に対する戒めです。年寄りが長年かけて積み上げてきた経験や知恵を尊重しろということです。年寄りと若者、双方が相手に歩み寄ることの大切さを諺は教えています。ちなみに、「劫」に「功」の字を当てる場合もあります。こちらだと長年の功績を強調する意味合いをもちます。

■塵もつもって山となる（ちりもつもってやまとなる）

仕事は派手で楽しいことばかりではありません。時には同じことの繰り返しや、面倒くさいと思うことや、苦労を伴うことが多々あります。でも、どんな経験でもすべて「人生の肥やし」なのです。

私はキャリア・コンサルタントですが、「キャリア」とは狭義では「やってきた仕事の実績・積み重ね」のことですが、広義では「人生の経験のすべて」と捉えます。無駄な経験は何一つ無いのです。「キャリア・アップ」という言葉がありますが、そもそも人生経験という意味のキャリアには、「ダウン」するということはありません。すべては、自分の未来へとつながる一つひとつの貴重な経験です。

ところで、私の子ども時代は、「ゆとり教育」の反対で「詰め込み教育」でした。「こんなことを勉強しても試験で点数を稼ぐためだけのもの。実社会では何の役にも立たないだろう」と、実社会も知らないくせに勝手に私は思い込んでいました。やる気を無くして成績が低迷した時期もありました。しかし、社会に出て経験を積み重ねるうちに、学生時代の勉強は無駄ではなかったということが、どんどん分かってきたのです。

そして、「もっと勉強しておけばよかった」と後悔したこともあります。そう感じた時には、仕事の傍ら自分で勉強もしました。自己啓発・自助努力と言って、社会人として生きる限り、勉強の積み重ねは続いていくのでしょう。

どうせなら、仕事は楽しくやった方がよいに決まっています。「こんなつまらない仕事をなぜ自分がさせられるのか」などとは決して思わないことです。余計につらい気持ちになってしまいますから。

雨垂れ石を穿つ（あまだれいしをうがつ）

雨垂れが長い間には硬い石にも穴を開けてしまうように、非力でも根気よくやり続けることが最終的な成功へとつながるということを、ぜひ覚えておきましょう。

■律義者の子だくさん（りちぎもののこだくさん）

第一部でも取り上げましたが、まじめに働くことが幸福な人生をもたらすという意味です。仕事は何も飾りではないのです。生活の糧です。同時に、社会の一員としての何がしかの役割を果たすということでもあります。

人が自覚する、「自分が働く理由」は人それぞれに様々であって、年代に伴って優先順位も変わります。独身時代は、「やりがいが持てることをやりたい」などが優先しても、結婚すると「生活のための収入を得たい」が優先されることになるかも知れません。子育てが一段落した女性は「社会とつながっていたい」という思いが強くなることもあるでしょう。

アメリカの心理学者・エドガー・H・シャインが一九七八年に定義した、「キャリア・アンカー」という考え方があります。

これは、人がキャリアの選択をする際に、手放したがらない価値観や欲求のことを言います。例えば、失業した人は、「次はどんな仕事でもするぞ」と考えます。ところが、ハローワークで検索の結果、ずらりと表示された求人に片っ端から応募するかと言えば、なかなかそうはなりません。「これはちょっと……」と選んでしまうのです。そして、「なかなか良い求人が見つからない」とガッカリして帰宅することになります。なぜ選んでしまうのかと言えば、人それぞれに「キャリア・アンカー」を持っているからなのです。ある仕事に対してやりがいを感じる人もいれば、感じない人もいます。

「キャリア・アンカー」の種類として、次のものがあげられます。

① 専門的な能力・力量の発揮に幸せを感じる
② 経営的な能力・力量の発揮に幸せを感じる
③ 雇用保障・給料の安定などを優先させる安定志向
④ 起業家的創造性の発揮と達成感に幸せを感じる
⑤ 既成のルールに縛られず自律的に自分のやり方で仕事を進めたいという志向
⑥ 暮らしやすい社会の実現や他者の救済など、社会への貢献
⑦ 個人的欲求・家族の願望・仕事のウエイトなどのバランスを図りつつ両立を志向
⑧ 目新しく高い目標や強力なライバルの克服にやりがいを感じる挑戦意欲

一人の人間の中に複数のキャリア・アンカーがあって、経験や年代とともに割合や優先順位は変化します。

いずれにせよ、時としてふと立ち止まってこれを意識することで、自分の強みが発揮できる仕事の進め方が見えたり、将来の目標設定がしやすくなったりするのではないでしょうか。

棺を蓋いて事定まる（かんをおおいてことさだまる）

人は死んでから、遺された人々によってその人の生前の行いの評価が下されるという意味です。人それぞれに、異なる人生・キャリアを歩んでいくわけですが、「あの人は働き者だった」という評価は、「あの人は〜が好きだった」や「あの人はいつも〜していた」よりも、広く人々の共感を得られるように私は思います。

■盗人の昼寝（ぬすびと・ぬすっとのひるね）

盗人は夜の仕事に備えて、昼間に寝ているということです。どういう意味かと言えば、人の行いにはすべてその人なりの理由があるということと、どんな仕事をするにも前もっての準備が必要だ、ということです。出たとこ勝負では、効率が悪く、良い仕事ができる保障がないのです。

もう何年も前のことですが、公園で寝泊りをしていたホームレスの夫婦の就職活動を支援したことがあります。二人ともまだ若かったのですが、子連れの再婚どうしでした。生活費がかさみ、運悪く不況によって失業したことから、子どもを施設に預けて家を手放さなければならなかった夫婦でした。

夫婦は昼間にキャリア・カウンセリングを受けに来て、求人を検索し、夜は公園で応募書類を書いていました。彼らは、驚くことに一晩で一〇枚以上の応募書類を、丁寧な手書きで書いてくるのです。夫婦住み込みで働いてお金を貯め、子どもたちと再び一緒に暮らせるようになりたいと、彼らは必死でした。彼らの思いが私に伝わり、それに応えたいと、仲間のカウンセラーと協力しながら支援しました。そうした充分な準備のお陰で、一週間も経たないうちに、彼らは念願の住み込みの仕事に採用が決まったのです。

棚から牡丹餅（たなからぼたもち）

という気持ちで仕事が見つかるほど、今の日本は決して甘くはありません。

■瑠璃も玻璃も照らせば光る（るりもはりもてらせばひかる）

瑠璃は古代エジプトでもよく用いられた青い宝石・ラピスラズリのことで、玻璃とは水晶のことです。どちらも光を当てれば輝きますが、同じように輝くわけではありません。それぞれ輝き方は異なっています。

人間にも様々な宝石の原石とも言える長所や才能があります。それに光を当てて、それぞれに輝かせることが大事です。

長い年月に渡って人が大勢暮らしていた上方と違って、徳川が幕府を江戸に開いたことで、全国各地から、それぞれ異なる方言の人々が集まって短期間に大都会へと成長した江戸は、それぞれが持つ多様性を認め合わなければ成り立っていかない社会だったのでしょう。国際社会の中にある現代の日本と日本企業もまた、当時と同じく多様性を認め合うことが必要な状況だと言えませんか。

とは、また何と懐の広い見方だろうかと、思います。腐った鯛でもその値打ちを認めようという温かさを感じます。

■老いては子に従う（をいては・おいてはこにしたがう）

もともとは中国の教えで、「若い時は親に従い、盛りにしては夫に従い、老いては子に従う」のが、女性にとって幸せになる生き方だとされ、「女の三従」と言われました。これが日本では最後の部分だけが諺として広まりました。「女性にとって」という限定も消えました。カルタの絵札では、古くから男の老人が登場しています。

負うた子に教えられて浅瀬を渡る（おうたこにおしえられてあさせをわたる）

という諺もあります。これは、わが子を背負って川を歩いて渡る時、子どもから浅瀬を教えてもらって安全に渡りきるという様子を表しています。

年長者の経験や知恵が豊富なことには、疑いようがないでしょう。ただ、それだからこそ、物事を円滑に進めるためには謙虚な態度を取ることが、場合によっては求められるのです。

■破れ鍋に綴じ蓋（われなべにとじぶた）

縁が欠けた鍋には修理した蓋を組み合わせれば違和感なく使えることから、どんな人にも相応しい配偶者がいるという例えです。

大学生の大企業志向がすさまじいです。結果、卒業まで一年以上もの期間を就職活動に費やし、不幸にして時を無駄にしてしまう学生もいます。これが大学院生になれば、もっと深刻です。

なぜなら、わが国では国の政策で、大学院生がどんどん増やされてきました。国は、大学院で得た専門的な知識を企業で活かせばよいという考えですが、それを活かせる就職は、これまた限られてきます。

ある有名大学の大学院でロシア文学を専攻していた学生が、自動車販売会社を受けて不採用になったケースがありました。面接で、「うちは自動車販売会社です。ロシア文学とどういう関係があるのですか？」と尋ねられて答えられなかったそうです。学生は、「人生で味わった初めての挫折だ」とすっかり落ち込んでしまいました。

研究者になる道も狭く、企業への就職の道も狭い、という状況の中で大学院へ進んだことを後悔する学生もいます。でも、人生には無駄なことは何一つ無いのです。自己分析と企業研究を深めていけば、狭い道を通過する方法がきっと見つかるでしょう。ただし、これらは主観的ではなく、客観的に行っていかなければいけません。自分の頭の中のイメージと、現実の企業とは異なるのですから。

捨てる神あれば拾う神あり（すてるかみあればひろうかみあり）

で気分を無理やりにでも変えて、自分のモチベーションを維持して欲しいと思います。落ち込んだ暗い顔をして遠慮がちに面接を受けても、良い結果が期待できるはずもないのです。世間は広いのです。なかなか内定が得られなくても、「まだ自分の運命の企業に出会えていないだけだ」と、前向きな気持ちを維持することが大事です。

また、法律分野では法科大学院を増やした結果、基準を満たさない大学院が出現したり、増えすぎた弁護士の就職難が問題になったりしています。就職難というのは弁護士事務所への就職が狭き門だということで、これに関しても、志望者は発想を変える必要があると思います。

企業の業務で、他社と交わす契約書を作成したりチェックしたりするだけの業務ならば、従来の「株式文書課」でも対応できます。しかし、世界を相手にして、しかも未開拓の市場へ打って出ようとしている企業にとっては、法律の知識を持った社員は必要とされているはずです。そうした企業は「法務部」を備えています。書物や知識だけの世界ではなく、ダイナミックに流動する世界のビジネスの渦の中で法律の知識が活かせるということに、道を見出して欲しいと思います。

ただ、勘違いしないで欲しいのは、何もコンサルタントとして入社するわけではないということです。研究部門やＩＳＯ担当部署の社員がコンサルタント扱いではないのと同じです。弁護士資格保持者であっても、製造や営業などを経験し、企業の業務に精通した上での弁護士資格の活用を目指すべきだと、私は考えます。

「わ」に、

笑う門には福来たる（わらうかどにはふくきたる）

を当てて販売されているカルタもあります。これも上方系のカルタからの引用です。笑顔には人を安心させ、引きつける作用があります。チャンスをもたらしてくれる出会いも増えます。

■かったいの瘡恨み（かったいのかさうらみ）

言ってみても始まらない愚痴をこぼすことの愚かさを表現しています。あるいは、人と自分を比較して羨ましがっても仕方がない、という戒めです。ある病気の人が別の病気の人のことを、「あいつらは自分に比べればまだマシじゃないか」と恨んでいる、というのが直接の意味です。

でも、この諺は、実はかなり差別的な意味と言葉遣いとを含んでいて、今日では消滅したと言ってもよいのではないでしょうか。私は、この諺をそのまま紹介すべきかどうか迷いました。そうした背景を汲み取った上で、この諺が言わんとしている真意を理解して欲しいのです。

わが国の中世には、「士農工商」および被差別階級を加えて、身分制度が敷かれていました。そして、互いに他の身分を羨ましく思い、恨みあうような「分断支配」の構造があったという見方があります。その方が支配階級にとっては都合がよいからです。しかし、「それは愚かなことだ。目を覚ましなさい」と、この諺が教えているようにも私は思います。

また、少し意味が違いますが、次のような諺もあります。

五十歩百歩（ごじっぽひゃっぽ）

は、五〇歩逃げた者が一〇〇歩逃げた者を笑うのは、本質的に同じことなのに愚かだ、という意味です。

ちなみに、現在市販されているカルタでは、わが子を社会に出す前に世間の苦労を味わわせておけという意味の、に置き換わっていたりします。これも時代の流れと共にその時々で解釈や言い回しを変えながら、民衆が伝承してきた諺の宿命です。そういう諺の性格からすれば、別の諺に置き換わるというのは、自然なことではないかと私は思います。

■葦の髄から天上を覗く（よしのずいからてんじょうをのぞく）

第一部で紹介した「針の穴から天覗く」と同じ発想です。狭い見聞や了見から大きな問題を判断しようとする愚かさを戒めています。これは案外分かりやすい諺でしょう。では、次に紹介する諺はどうでしょうか。同様に愚かさを戒めています。

山高きが故に貴からず（やまたかきがゆえにたっとからず）

外見は立派でも中身が無ければ優れているとは言えない、という意味です。例えば、企業の規模が幾ら大きいからと言っても、外に打って出て新たな市場を切り開いていくバイタリティや多様で広い価値観を持つことなく、内向きになっているならば、危ういことです。

■旅は道連れ（たびはみちづれ）

長い旅にも人生にも互いの情けが必要だという「旅は道連れ世は情け」の後半を略して、このように言うことも多いです。上方系のカルタにも

義理と褌（ぎりとふんどし）

という諺があり、世をつつがなく渡るには、義理は褌と同様に決して欠かせないものだと教えています。「義理と褌は欠かされぬ」とも言います。

誠実な人間関係の大切さを説いているわけです。

■良薬口に苦し（りょうやくくちににがし）

上司や先輩の指導や教育を受ける側の若手社員には、英語にもまったく同じ表現があるこの諺を伝えたいと思います。英語では、「A good medicine tastes bitter」と言います。

苦言を呈されたからと言って、「自分は嫌われている」と思うのは子ども時代の発想でしょう。

「叱られることに慣れていないらしく、叱ると辞めるという若手社員が多くて……」という先輩社員の悩みを耳にすることが多くなりました。報酬を受け取る立場の働く社会人ともなれば、プロとしての自覚が求められます。

苦言を呈されて落ち込むのではなく、

転んでもただでは起きぬ（ころんでもただではおきぬ）

という逞しさも、プロの道には必要です。

■総領の甚六（そうりょうのじんろく）

私は長男なので、この諺は耳に痛いのですが、長子は手塩にかけ甘やかされて育つことが多いので、人はよいが人間としての鍛錬が足りず、世事に疎いという意味です。甚六とはボーッとした人のことです。反面教師にしたいものです。

企業に当てはめて考えると、製品のシェアが一位の会社はノホホンとして、二位以下や後発の企業は、

生き馬の目を抜く（いきうまのめをぬく）

とばかりにアグレッシブな営業を展開するケースが見られます。つまり、生きている馬の目を抜くくらい素早く人を出し抜いて利益を得る、ということです。トップ企業だからといって、油断は禁物です。

■月夜に釜を抜く（つきよにかまをぬく）

月が出ている明るい夜に、放置しておいた生活必需品のお釜を盗まれたということで、はなはだしく油断してひどい目に遭うことを表しています。「月夜に釜を抜かれる」とも言います。この諺は、江戸と上方の両方のカルタに共通して出てくる唯一のものです。

少し意味合いが変わりますが、

備えあれば憂いなし（そなえあればうれいなし）

という諺もあります。普段からの心がけによって悪い出来事を未然に防ぐように、と数々の諺で教えてくれているのです。

企業によっては、「確認・確認・再確認」を業務遂行上の、共通の合言葉にしているところもあります。確認を怠って仕事の失敗を発生させると、他の社員や顧客にも迷惑を掛けてしまいます。やり直しが必要な場合ならば、新たなコストを発生させることにもなります。職場によっては、確認をすることが人命に関わってくるという場合もあるでしょう。

■念には念を入れ（ねんにはねんをいれ）

念に念を入れよと繰り返すことで、くれぐれも細かい点にまで注意を払って物事を念入りにやれと教えています。

石橋を叩いて渡る（いしばしをたたいてわたる）

もまた、「石でできた橋でも油断をするな。確認しながら渡れ」ということです。「石橋を叩いて渡らない」のは論外ですが、日本人の細やかさや正確な仕事ぶりは、こうした価値観の産物なのかも知れません。

泣く面を蜂がさす（なくつらをはちがさす）

今では、「泣きっ面に蜂」という言い方が一般的になっています。「なぜ次々と不幸な事ばかり起きてくるのだろう」と嘆き過ぎてもどうにもなりません。「そういうこともあるのが人生だ」と、気持ちを納めるしかないことだってあります。ただし、それは個人的な出来事の場合です。ビジネスの世界では、ビジネスパーソンがそればかりを言っていては、単なる言い訳になってしまいます。なぜそうなるのかを分析して、事態を好転させるように手を打たなければいけないことは言うまでもないことです。
ビジネスでは、むしろ、

他山の石（たざんのいし）

の観点に立つべきです。よその山にある石だって役立てようという発想です。つまり、他社に関する出来事について、「それは我が社とは無関係な出来事だから……」ではなく、自社に引き据えて教訓化するように役立てるということです。

多くの企業はそのような視点を持っていると思いますが、ただ、国内の同業他社の動向には目が向くものの、海外や異業種にはそれほど目が向きにくいようです。日本の携帯電話機のメーカーがこぞってガラパゴス化の道を歩んだことを、戒めにすべきではないでしょうか。

■楽あれば苦あり（らくあればくあり）

「放浪記」で有名な林芙美子が好んで使った言葉に、「花の命はみじかくて、苦しきことのみ多かりき」というのがありますが、心の底から深刻にそう捉えていては、この世の中は生きていけません。

楽は苦の種苦は楽の種（らくはくのたねくはらくのたね）

人生も仕事も、楽ばかりや、苦ばかりではない、ということです。「苦労ばかり背負ってしまう」と笑い飛ばしつつも、心の底では両面あるうちの、良い面を支えにして頑張っていくべきです。

■無理が通れば道理引っ込む（むりがとおればどおりひっこむ）

物事の正しい行いや、人として行うべき正しい事柄を大切にする社会の価値観を示しています。人が理に叶わないことを押し通してしまえば、その人からは正当性が消えてしまう、という意味です。

第一部でも触れましたが、近江商人の「売り手よし・買い手よし・世間よし」の「三方よし」という考え方に見られるように、もともとわが国のビジネスにはそうした伝統的な考え方があります。

正直は一生の宝（しょうじきはいっしょうのたから）

という諺もあります。幸福は正直さによってもたらされるものだから、正直さを一生大切にせよ、ということです。現実的に考えれば、正直なビジネスをする者は顧客に信頼されるから、それがもとになって永続的にビジネスが栄える、ということは間違いありません。

ところが、賞味期限切れを隠して販売した企業や、リコール隠しをした企業など、または資金に関する疑惑で無理を通そうとする政治家などが、世間の厳しい目にさらされることは、いくらもあります。人々の見る目を変えてもらうには、その後の大きな努力を要します。

だからこそ、この諺はたびたび思い起こすべき重要なものだと思います。

ところで、二〇世紀の末から、「CSR（Corporate Social Responsibility）」という考え方がわが国に入ってきています。つまり「企業の社会的責任」のことです。「社会的に信頼されない企業は持続できない」という欧米発の考え方です。国際規格である「ＩＳＯ」で規格化される動きもあるほどです。わが国の企業でもＣＳＲを掲げる企業が増えてきましたが、従来からのわが国のビジネスと矛盾するものではなく、むしろわが国の伝統だと言えるでしょう。

嘘から出た真（うそからでたまこと）

嘘で言ったことが本当になってしまうということです。そういうことだって起き得るでしょう。しかし、良い結果とばかりは限りません。「オオカミ少年」の物語もあります。口から発した言葉は、時として取り返しがつかない結果を招くことがあるのです。

招いてしまった結果の責任は、もちろん軽はずみに嘘をついてしまった本人が負うことになります。政治家・行政機関・企業の経営者など、大きな社会的な影響力を持つ立場の人がついた嘘が後に大問題に発展したケースを、私たちは何度もニュースで目にしてきたではありませんか。嘘をつくのも難しいものですね。

綸言汗のごとし（りんげんあせのごとし）

という中国から伝わった諺があります。流れ出た汗が再び体内に戻らないように、一度口から出た君主の言葉は取り消せないという意味です。「綸言」は天子《てんし》（君主）の言葉です。「綸」は太い糸の意味で、天子の言った言葉は、初めは細い糸のようであっても、下に伝わるにつれて太くなり、重大な意味を持つようになることを表した戒めです。上に立つ者、社会な影響力を持つ者だけとは限りません。職場の同僚や家族、友人・知人に対しても、自分が発した言葉が人伝てに一人歩きしていくという怖さがあります。言葉の重みを認識したいものです。

■芋の煮えたもご存じない（いものにえたもごぞんじない）

常識をわきまえない世間知らずな人を嘲って言います。昔から庶民的な食べ物である芋が煮えたかどうかは、誰でも分かることなのに、それすら分からないほどの現実音痴だ、という痛烈な意味があるのです。

ところで、相手との良好な人間関係・信頼関係を築く目的で、ビジネスの世界では敬語を多用します。ところが、その目的に適う敬語を使いこなせる人は多くありません。明らかに間違った使い方に接することも多いです。そうすると、良好な関係どころか、逆に相手の気分を害させていることもあり得るでしょう。やっかいなことに、失礼で不適切な敬語を使われた相手が指摘をしてくれることは滅多になく、いつまでも間違った敬語を使い続けることになる場合があります。

私の経験では、「ご苦労様です」や「○○殿」に、しばしば接します。これらはいずれも、丁寧な言い回しには違いありませんが、ただしこれらは「上から目線」の言い方です。つまり、敬語の目的には適っていないと言えるでしょう。相手に好感を与えるどころか、怒らせてしまいかねないわけですから。「お前は私より目下だ」と言っているようなものです。敬語として使うなら、「お疲れ様です」「○○様」でなければいけません。

また、「各位様」「○○株式会社御中○○様」「ご持参ください」などという非常識な表現も、よく目にします。正しくは、「各位」「○○株式会社○○様」「お持ちください」です。陰で笑われかねないので、気をつけましょう。

氏より育ち（うじよりそだち）

という上方カルタにある諺は、室町時代あたりから見られるものです。身分制の社会にあった当時の日本で、人間は家柄よりも人柄だという諺が生まれたことに驚かされます。

企業がいくら有名でも、その評判は社員一人ひとりが社外の人に接した時の印象によって形成されます。「あそこの社員は偉そうな態度だ」とか「あそこの企業には常識が無い」とならないように、社内の環境改善や社員教育を継続することは重要なことです。

■喉元すぐれば熱さ忘るる（のどもとすぐればあつさわするる）

現代では、「喉元過ぎれば熱さを忘れる」という言い回しが一般的です。熱い物も飲み込んでしまえば、その苦痛がなくなるというのが直接の意味です。つまり、苦しい時を過ぎてしまえば、その苦しさを簡単に忘れて油断してしまうことがあるという例えです。あるいは、苦しい時に受けた恩を、楽になった時に忘れてしまうことを非難して使うこともあります。

京セラの創業者の稲盛和夫氏は、同氏のホームページによると、大学を卒業して就職したのが、一九五五年でした。当時は就職難の時代で、石油会社など何社も応募したものの、最終的には、松風工業という京都の企業に就職が決まりました。ところが、当時の同社が大変厳しい経営状態にあった中で、一緒に入社した五名は、「将来が不安だ」「早く辞めよう」と、稲盛氏を残して辞めたそうです。稲盛氏も辞めるつもりで自衛隊を受けたそうですが、家族からは「働き出したとたん、会社の悪口を言って辞めるという。会社に入れてもらっただけでもありがたいと思って働け」と反対されます。

一人同期の中で松風工業に残った稲盛氏にはその後、新しいセラミックスの開発が任されました。それにやりがいを感じた稲盛氏は、良い研究成果を幾つも出し、それが後に京セラを創業するベースになったということです。

結婚前には目を大きく見開き、結婚後には半眼に閉じておけ

(けっこんまえにはめをおおきくみひらき、けっこんごにははんめにとじておけ)

これは結婚のことを語っていますが、入社した企業についても言えることです。

鬼に金棒（おににかなぼう）

もともと強い者が、さらに強さを増すことを言います。ただでさえ強い鬼に鉄の棒を持たせるという例えです。協力してくれる人に対して使えば、「弱い私に、あなたのような強い人が味方してくれて、とても心強い」という意味になります。ところで、

おぼれる者はわらをもつかむ（おぼれるものはわらをもつかむ）

という諺があります。困っている時や危ない時には、わらのような頼りない物にでも必死にすがりつこうとする、という様子を表しています。これを自分の行いに対して使うのはよいのですが、人に頼み事をする時に、「わらにもすがる思いでお願いに参りました」などと言っては、とても失礼に当たります。「困っているので頼りないあなたにまでお願いに来ました」という

意味になってしまうからです。それでは、まとまる話もまとまらなくなってしまうでしょう。

■臭い物に蓋（くさいものにふた）

臭い物に蓋をしたとしても、それ自体が無くなるわけではありません。しでかした悪事や醜聞を、一時しのぎで世間の目からごまかそうとする愚かさを表しています。

都合の悪い事をごまかそうとする本人の姿は必死ですが、その不自然さが却って周囲の人には怪しく思えるということはあるものです。事が起きてからではもう遅いということはビジネスの世界には多々あります。悪い事をしないように、あるいは悪い事を起こさないように、普段からの心がけが大事なのです。

ところが、「臭い物に蓋をしろ」という言い方が、明治時代から戦前にかけてあったそうです。本音よりも建前を重視して、表面的に飾るのをよしとする当時の風潮があったのでしょうか。

また、人間誰しも、気をつけているにも関わらず失敗をしでかすことだってあります。

君子は豹変す（くんしはひょうへんす）

は、変わり身の早さが無節操だと揶揄する意味もありますが、他方で、君子は過ちを悟ればすぐにそれを改めて正しい道に戻るものだ、という意味もあります。自分の間違いに気づいた時には、潔く反省して誠実に詫びる姿勢を周囲に示すことが大切でしょう。

■安物買いの銭失い（やすものかいのぜにうしない）

安物を買って得をしたように見えても、品質が悪くて結局は損をすることがある、という戒めです。昔は値段が安い箪笥を買うと引き出しがまともに開かない粗悪品で、買い直さなければいけなくなった、ということもあったようです。

消費大国のアメリカの各家庭では、安いからと、行く先々で衝動買いをして集めた膨大な中国製品の処分に困っているということです。衝動買いもほどほどに。

企業には、もっと思慮深さが求められます。「中国製のマシニングセンタ（精密加工機械）は安いけど、日本製のように長期間使えないので、短期間で買い替えが必要になる」と話してくれた経営者がいました。すいぶん前の話なので、現在では中国製の機械の性能も向上してきているでしょうが、安いけれど短期間しか使えない機械を購入するか、高いけれど長期間使える機械を購入するかは、それぞれの経営判断で、どちらがよいか一概に言えるものではありません。

選んで滓を掴む（えらんでかすをつかむ）

という諺もあります。選びに選びすぎてかえって滓を掴んでしまうという意味です。それだけは避けたいものです。

■負けるは勝つ（まけるはかつ）

表向きは負けたように見えても、内実は勝ったということです。白黒はっきりさせないと気持ちが納まらない、という人もいるでしょうが、自分の正統性ばかりを主張して相手をグーの音も出ないほどに追い詰めると、周りからどのように見えるだろうか、ということです。

二〇一〇年の九月に起きた尖閣諸島を巡る日本と中国の対立で、中国は要人の対話だけでなく若者の文化交流まで停止しました。そして、温家宝首相は、ニューヨークで日本を激しく非難しました。その後日本が逮捕した中国漁船の船長を釈放しても、中国からの非難は止みませんでした。そして、船長を釈放したことに対して、わが国では日本政府を非難する声が起きました。確かに船長を起訴に持ち込めなかったという点だけを見れば、日本の敗北かも知れません。しかし、中国もまた、対外的なイメージを自ら著しく傷つけてしまいました。逆に日本には、同様に中国との間で領有権の問題を抱えている、ベトナムなどの東南アジア諸国との結びつきを強化できる可能性がもたらされたのです。

現在の世界には、アメリカと中国という二つの超大国が存在します。ヨーロッパはアメリカとの結びつきが強いですが、決して一心同体ではありません。独自のビジネスのスタイルや思想をもってアメリカの暴走に歯止めを掛けているように、今後は日本が独自の価値観を発信して中国の暴走に歯止めを掛けていく役割を担うべきではないでしょうか。世界第三位の経済大国である日本の、世界の中での存在意義はそのようなところにあるのかも知れないと、私は考えます。

勝ち負けは一時的な結果ばかりではなく、長期的に見てどうかという観点や、周りに与える影響という観点からの判断も必要です。

損して得取れ（そんしてとくとれ）

つまり、一時的な損には目をつぶって、将来の大きな利益を考えよという意味です。企業が新製品を販売する際に、あらかじめ赤字を想定した低価格で市場に打って出ることがあります。それは、先進的な企業だというイメージをもって一気呵成に市場のシェアを押さえたい、という狙いによるものです。

また、ビジネスでは一時的な損得も大事ですが、それよりは永続的な信頼を獲得することもさらに大事です。

芸は身を助く（げいはみをたすく）

財産や名声、仕事などが無くなることはあっても、身についた芸があれば、落ちぶれた時に生計を助ける役目をする、という意味です。

芸というのを、何も「芸事」と狭い範囲でだけ捉える必要はありません。「手に職を付ける」と言いますが、仕事で身に付けた能力や得られた経験も、そのように捉えて欲しいのです。また、幅広く様々な人々と接することで、人間的な幅を広げるのも貴重な経験です。仕事は何事も経験。仕事の経験は積んだ者勝ちだと思って、あらゆる仕事に進んで取り組むことです。そうすると、苦手だと思い込んでいた分野までいつしか得意分野へと変わっていることもあるから、仕事って面白いのです。アフターファイブや休日に経験することだって、仕事の肥やしになることがあります。

下戸の建てたる蔵もなし（げこのたてたるくらもなし）

酒を飲まない人はその分だけお金が貯まりそうなものですが、財を成して蔵を建てたという話も聞かない、という意味です。やや言い訳めいています。でも、適度な気分転換や息抜きをすることも、良い仕事を続けていく秘訣には違いありません。ただし、本末転倒にならないようにしたいものです。

■文はやりたし書く手は持たぬ（ふみはやりたしかくてはもたぬ）

市販のカルタでは、「文をやるにも書く手は持たぬ」という表現も見られます。近頃は、男女の恋愛にも携帯メールや絵文字が登場するようです。「好きだ」「付き合おう」で済むのだから随分と手軽になったものだと感じます。

そうした手段が無い時代、告白はもっぱらラブレターでした。相手のハートを射止める内容ということに加え、筆跡から感じさせる人柄や、お香を焚いて良い香りを付けるなどをした紙のセンスなど、トータルで告白したい相手にぶつかったのです。この諺は、そうした恋愛をするような年頃になって、「もっと勉強しておけばよかった。ラブレター一つまともに書けないなんて」と後悔する様子を表しています。

後悔先に立たず（こうかいさきにたたず）

というわけです。でも、切羽詰った恋愛はともかく、社会人になってから「もっと勉強しておけばよかった」という後悔をしたことが、私には何度もあります。そう思った時こそ、自主的に勉強を始めるタイミングでもあるのです。

■子は三界の首っかせ（こはさんかいのくびっかせ）

これはまた、何と強烈な諺でしょうか。「三界」とは、仏教の「三千世界」、つまり欲界・色界・無色界、輪廻転生も含めた人間が活動するすべての世界を意味します。「首っかせ」は首にはめて拘束する刑具のことです。愛するわが子を刑具になぞらえているわけです。

考えてみると、子どもを持つ親であるからこそ、うかつな行いはできないと、自分を戒めるということはあるのではないでしょうか。職場でも、部下がいるからこそ上司として変な行いはできないという自制が働くことがあるでしょう。

ところで、「ニート」と呼ばれる就職活動も就学もせず、働いていない若者の存在が広く知られるようになりました。その数は、一説には全国で六〇万人以上とも一〇〇万人近いとも言われます。ニートになる理由は人それぞれで、幾つかの種類別の分類も可能です。働いた経験が全く無い若者もいれば、一度は就職したものの、それで傷ついて働くことを止めてしまった若者もいます。精神的な疾患や障害を抱えている若者もいます。

私が接したニートと呼ばれる若者たちは、約束を取り、その時間に自分から足を運べるという状態なので、まだ社交的なほうかも知れません。

あくまで、私が接することができた範囲のニートの若者ですが、驚いたことに、一度も働いたことが無い若者の中には、職場でとても活躍している親を持っている場合が少なくないのです。企業・公務員問わず、部長や取締役や教師などです。ところが、若者は「難しい仕事のようで、親から仕事の話を詳しく聞いたことがない」「不在がちで、いつも疲れた顔をして帰ってくる。親のような仕事はしたくない」や、「就職するって自分を殺すことなんでしょ」と言うのです。

そうした若者たちは、恐怖を感じている仕事という世界に、最初の一歩を踏み出すことをためらっています。他方で、家族のために一生懸命働いているだろう親の気持ちを思うと、私はそれも気の毒になってきます。職場では、うまく人を育ててきたはずの立場にあるそうした親たちが、わが子のことになると客観的な関わり方ができなくなる傾向があるのかも知れません。

子故の闇に迷う（こゆえのやみにまよう）

親はわが子のことになると、可愛さのあまり思慮分別を失って冷静な判断ができなくなる、という意味です。私自身振り返っても、その通りだと思えます。働くことを誤解して恐れているニートの親には、仕事の苦労ばかりでなく、楽しみややりがいも含めて仕事の素晴らしさをわが子に伝えてもらいたいと思います。「俺がこんなに苦労して働いているのに……」という気持ちだけでは、氷のように固まった我が子の心を溶かすことは難しいかも知れません。

■得手に帆をあげる（えてにほをあげる）

自分の得意分野が発揮できるチャンスが到来したら、それを見逃さずに利用しよう、ということです。今それをやっているのが、中国や韓国の企業で、日本では恐ろしいことに、「様子を見る」などという言葉が一般化されてきました。要するに何もしないということを婉曲に言っているに過ぎないのです。韓国は二〇一〇年、EUとの間で工業製品の九割以上の関税を撤廃するFTA（自由貿易協定）に調印しました。これは、工業製品の輸出によって経済成長してきた日本企業にとって、大きな打撃になるでしょう。EUはインドやシンガポールとも同協定の交渉を進めています。さらに、韓国は続いてアメリカとの間のFTAにも合意をしました。

それで、日本は何をしていると言えば、「様子を見ている」のです。困ったものです。

また、シンガポールといえば、世界から優れた頭脳を集める政策を進めていますが、今後世界に広がる高齢化社会を見据えたノウハウの蓄積とビジネス展開でも、世界をリードしているのです。世界一の高齢化社会を迎えている日本ではなく、シンガポールが、ですよ。

いい加減に「様子を見る」のをやめて、走り出さないと。

これに懲りよ道才坊（これにこりよどうさいぼう）

上方カルタにあるこの諺は、失敗や失態に懲りて、同じ過ちは繰り返してはならないという意味です。「道才坊」には、あまり深い意味はありません。ゴロが良いからでしょうか。要するに、いつまでもクヨクヨするよりも、また前を向いて走り出せばよいのです。

■亭主の好きな赤烏帽子（ていしゅのすきなあかえぼうし）

烏帽子は、成人した男性が昔かぶっていた黒漆で塗り固めたものです。黒い色が普通なのに、主人が赤い烏帽子が良いと言えば、家族や使用人はそれに従わざるを得ない、という意味です。奇怪で異様に思えることでも主人が言い出せばそれに従う、というのは、職場の人間関係にも当てはまることでしょう。納得がいかない場面でも、それをどうすることもできない時には、この諺で自分の気持ちを納めて従うしかないでしょうね。そのようなことも世の中には多々あると、割り切ることです。組織の一員として、業務の指揮系統を無視するわけにはいかないのですから。

ただ、疑問があるのに、質問して上司の指示の真意を確かめようとしないのはよくないことです。上司の真意を自分が理解できていないだけかも知れません。あるいは、上司と対話することで、上司は考えを軌道修正することもあるかも知れません。それでも駄目だった時には、上司を信じて頑張るしかないでしょう。

鰯の頭も信心から（いわしのあたまもしんじんから）

傍から見てつまらないものでも、それを信じる人にはありがたいものになるということです。。

■頭隠して尻隠さず（あたまかくしてしりかくさず）

欠点や悪事の一部を隠して、全体を隠した気になっている愚かな様子です。もともとは、長い尻尾を持つキジが草むらに隠れる様子を表しています。高い鳴き声をあげる習性があり、隠れても隠れきれないキジが愚かだというのも可愛そうな気がしますが、人間もキジと同様、目立つ生き物なのですから、都合の悪い事を隠そうとしても隠しきれるものではありません。

過ちては改むるに憚ることなかれ（あやまちてはあらたむるにはばかることなかれ）

これは孔子の言葉からきています。過失を犯したと気が付いた時には、潔く間違いを認めて改善しましょう。

■三遍回って煙草にしょ（さんべんまわってたばこにしょ）

やるべき仕事をきちんとやってから休憩しよう、という意味です。「三遍回って」は、火の用心の夜回りのことを指します。異常が無いことを充分に確認してから休もう、ということです。休むことを考える前に、まずはしっかりと仕事をしようという日本人の律儀さが見て取れます。気を引き締めて最後までやりぬこうという諺もあります。

上り坂より下り坂（のぼりざかよりくだりざか）

上り坂よりも、楽だと油断する下り坂のほうが足を踏み外しやすいという戒めです。

■聞いて極楽見て地獄（きいてごくらくみてじごく）

人から聞く話と、自分の目で確かめたこととは大違いだということです。当然、「聞いて地獄見て極楽」というケースもあるでしょう。

人の噂やイメージに踊らされず、自分の目と足で確かめることは、仕事で自分を成長させたり、新たなビジネスチャンスを掴んだり、企業を発展させたりする上での基本姿勢です。

韓国企業・サムスンには、一九九〇年に導入した「地域専門家」という、一年間の海外派遣制度があります。それは、海外でビジネス感覚を磨くという目的のものです。特徴的なのは、派遣期間中は、本社や現地法人の支援を一切受けることなく、すべて独力で、語学をマスターし、現地で人脈を築き、習慣や文化を体得していかなければいけないという点です。その期間は仕事を全くしなくてよく、国際的なビジネス感覚を独力で身に付けることが仕事なのです。それを終えた社員の多くは、現地法人に配属されて、経験から得たノウハウを仕事に活かしていきます。

わが国を見れば、江戸時代、加賀の国に北前船による海運業で財を成した銭屋五兵衛がいました。五兵衛は、藩への膨大な献上金の見返りとして、海外貿易を黙認されていました。彼は、北ではアイヌやロシアと通商し、南は現在の香港、そしてオーストラリアのタスマニアにまで商圏を広げて貿易を行っていたとも言われています。その逞しさに驚くことはありません。ビジネスとはそういうものなのですから。

現代の日本企業には、

梟の宵だくみ（ふくろうのよいだくみ）

をして欲しくはありません。つまり、計画はあれこれ立てるものの、全く実現しない計画だという意味です。

■油断大敵（ゆだんたいてき）

集中してまじめにやれ、気を抜くな、ということが江戸いろはカルタには繰り返し出てきます。庶民の知恵の結晶である諺で、こうした人生観や職業観を重んじているのです。この国はそういう国なのです。また、

転ばぬ先の杖（ころばぬさきのつえ）

という諺もあります。転ぶ前に杖を用意するように、しくじらないために前もって準備をしましょうという意味です。

■目の上のこぶ（めのうえのこぶ）

目の上のこぶはうっとうしくて邪魔ですが、その真意は、目障りで邪魔な人のことです。仕事の計画を立てて、「さぁ、あとはやるだけ」と思っても邪魔が入ることがあります。あるいはいつでも反対ばかりしてくる人もいるでしょう。そうしたことがあるのが人生。いちいち目くじらを立てて気に病んでも仕方がないぞ、と教えてくれているのです。ましてや、邪魔だと思う相手に対する悪口を感情に任せて言いふらすと、とんでもない結果を招きかねないので気をつけましょう。

囁き千里（ささやきせんり）

人の悪口は聞く人の興味を惹いて、一人歩きをしかねないのですから。

■身から出た錆（みからでたさび）

刀の手入れを怠った自分のせいで、刀身から錆が出てきてしまうという意味です。つまり、自分の行いの結果が自分自身に降りかかって、苦しむことを言います。自業自得ということです。誰のせいでもなく、自分がきちんとしていなかったことが悪いのだと反省しましょう。

人は、失敗して反省することを通して成長します。仕事はそれの連続です。それなのに、上司や顧客など、人を逆恨みするなんてとんでもないことです。それでは、自分を成長させる機会を自ら手放しているようなものですから。

尻を捲くる（しりをまくる）

そのように開き直る態度は、本人にとっても、もったいないことです。

■知らぬが仏（しらぬがほとけ）

真実や事実を知れば腹も立ちますが、知らなければ穏やかな気持ちでいられるという意味です。ただし、そういう人を嘲る意味も込められています。他の社員の頑張りに目を向けないでいれば、穏やかにのんびりと仕事をしていられますが、気が付いた時には後輩の中にも自分の地位を脅かす強力なライバルが何人も生まれてきていて、

四面楚歌（しめんそか）

という、孤立無援の気分を味わいかねません。四面楚歌は有名な諺ですが、四方を敵に囲まれて孤立無援であるという意味です。漢の劉邦に追い詰められた楚の項羽は、少数の手勢を引き連れていました。劉邦が漢軍に楚の歌を歌わせたところ、項羽は「漢軍が楚の全土を征服してしまったのか。何と楚人の多いことか」と驚いて嘆いたという故事からきています。

■縁は異なもの（えんはいなもの）

続けて、「味なもの」とも言います。主に夫婦の関係を指すことが多く、縁とは理屈で説明できないほど不思議なものだ、ということです。でも、夫婦に限らず、人と人との出会いや、国内に数百万社ある企業で、約二万種類もあるという職業の中から現在の職業を選んだ不思議さも、同じように「縁」だと言えます。「縁」とはもともと仏教で「因縁」のことです。出会いには何らかの意味があると言うと、宗教っぽいでしょうか。しかし、そのように思って何かを学ぼうと思えば学べるのが、「縁」というものです。結婚披露宴のスピーチでよく使われる、

合縁奇縁（あいえんきえん）

もまた、縁を不思議なものとして大事にしようということです。

■貧乏暇なし（びんぼうひまなし）

これはもっぱら謙遜の意味で使われます。「お忙しそうで結構なことですね」「いや、貧乏暇なしですよ」という具合に、自分に対して用いるのです。人に対して使うと悪口になるので、面と向かって言っては喧嘩を売っていると取られかねません。

このように、謙遜に使う諺があるというのは便利です。他によく知られている謙遜の諺として、

下手の横好き（へたのよこずき）

があります。下手なくせに、そのことをするのが好きだという意味の謙遜です。実際には、やり続けているなら上手になっていることが多いはずですが。

■門前の小僧習わぬ経を読む（もんぜんのこぞうならわぬきょうをよむ）

寺の門前に住む子どもは、習わなくても日頃耳にしている経を唱えられるようになるという意味です。部下がなかなか育たない、と嘆くのではなく、育つ環境にすることが大事ではないでしょうか。部下もまた、この会社で自分は成長できないなどと、安易に甘えてはいけません。社会人は工夫次第で、自分で自分を成長させる環境をつくることができるのですから。

嚢中の錐（のうちゅうのきり）

を目指すべきでしょう。すなわち、優れた人物は隠れていてもすぐにその能力が表れる、という貴重な人材に自分自身をを成長させていくことです。

■背に腹はかえられぬ（せにはらはかえられぬ）

大事な臓器がある腹を守るためには、背中が犠牲になっても仕方がないという意味です。転じて、大事なことのためには、他のことが犠牲になってもやむを得ないという意味で使います。また、緊急事態の時には、他を顧みる余裕がないという状態のことを言います。

企業は、緊急事態が起きた場合に、何を最優先すべきか判断を迫られます。その場合は、社員からも、顧客からも、世間からも、事後に納得が得られる判断をしなければいけないという難しさがあります。

また、取引先の不正を告発する人にも、そうした覚悟があるのでしょう。

ナチスドイツの迫害から逃れるユダヤ人に対して自分の判断でビザを発給し続け、六〇〇〇名の命を救った外交官・杉原千畝もまた、そうした心境だったに違いありません。もし彼が「しばらく様子を見よう」などと考えていたなら、こうした出来事は無かったのです。

明日ありと思う心の仇桜（あすありとおもうこころのあだざくら）

やるべきことが分かっているなら、すぐにやればよいという意味です。仕事にはスピードが大事です。

急いては事を仕損じる（せいてはことをしそんじる）

という諺もありますが、経済大国として世界の中で影響力を有する日本にとって、今必要なのは、

巧緻は拙速に如かず（こうちはせっそくにしかず）

だと私は思うのです。上手だがのろのろとした遅い仕上げより、下手でも仕事は早い方がよいという諺です。目まぐるしく動いている今日の世界のビジネスにおける戦いでは、速戦即決が大切であるという、孫子の兵法に由来したこの諺こそが相応しいのです。

■粋が身を食う（すいがみをくう）

粋人だともてはやされるのが快感で、歌舞伎役者や芸事にのめりこんで生活が破綻することが無いようにと、江戸の庶民が自戒した様子がうかがえます。今ならさしずめ、好きな芸能人の追っかけをするほどに入れあげて、財産を使い果たしてしまわないように、ということでしょうか。

雀百まで踊り忘れぬ（すずめひゃくまでおどりわすれぬ）

いったん覚えた遊びや、愚かな遊び過ぎが習慣になってしまうと、死ぬまでそれを直せない、それは大変だ、という戒めの意味です。決して雀がぴょんぴょん跳ねるのが可愛いという意味ではありません。

■京の夢大坂の夢（きょうのゆめおおさかのゆめ）

江戸いろはカルタの結びです。でも、これは果たして諺なのでしょうか。意味についても、定まった解釈はありません。ただ、京都で見る夢と大坂で見る夢とは違うという解釈はできるでしょう。所変われば暮らしも変わります。ビジネスも変わるということでしょうか。

あるいは、夢を大いに語ろうという意味でしょうか。人に語った自分の夢が相手が聞くと突拍子もないものに聞こえたとしても、「夢にはいろいろあるでしょ」と受け止めてくださいね、というニュアンスの意味だとも取れます。

上方カルタでは、

京に田舎あり（きょうにいなかあり）

が最後にきています。京都はどこも華やかというステレオタイプの見方ではなく、多様な姿があることを認識せよということでしょう。新興国の姿もまた然りです。その中をよく見れば、企業各社それぞれにとっての大きなビジネスチャンスがきっと眠っているはずです。

あとがき

私が三〇歳代の頃のことですが、ＮＨＫで一九九三年から翌年にかけて放送された、奥州藤原氏を描いた大河ドラマ「炎立つ」に影響された私は、東北歴史博物館がある宮城県多賀城市を訪れました。教科書で見た宇宙人のような風貌の「遮光器土偶」や、見事に立体的に造形された「火焔土器」の現物を実際に自分の目で見て、そのイマジネーションの豊かさや迫力に圧倒されたものです。

そのほか、多賀城市には多くの史跡があり、私は地図を見ながら一日中歩いてまわりました。特に印象的だったのは、奈良時代の「政庁跡」です。当時東北の中心地として栄えた多賀城にあって、その政庁跡は、自由に見学ができます。建物は現存しませんが、発掘された敷地内の建物の跡、つまり巨木の柱を支えていたであろう礎石がそのままに置かれているのです。周囲は実に静かで、まるで奈良時代そのままに眠り続けている場所のような雰囲気がありました。私は礎石の一つに立ちながら周囲をゆっくりと眺め、そして奈良時代の東北地方の人々の暮らしに思いを馳せました。途中で雨が降り出したのですが、私は構わず、しばらくその場で時間を過ごしたことを憶えています（巨大地震災害からの一日も早い復興をお祈りします）。

諺に触れる際にも、それを生み出した人々の暮らしや価値観に思いを馳せながら、しばし味わってみることをお勧めします。そうすれば、諺の持つ奥深さに気づかされるでしょうし、後世の人間としてそれを受け継ぐありがたさも、感じることができるに違いありません。

多くの庶民の生活実感の中で生まれ、時代を越えて伝えられてきた諺は、人間の英知の結晶だと私は思うのです。言葉の解釈が変わっても、時代が変わっても、脈々と受け継がれる諺は、日本に桁違いに多い長寿企業の姿と重ね合わせることができるのではないでしょうか。

長寿企業に対する敬意や、諺を残してくれた人々への感謝の気持ちを、覚えずにはいられません。


私が一番好きな諺をあげるとすると、これです。

牛に引かれて善光寺参り（うしにひかれてぜんこうじまいり）

この諺は「今昔物語」に由来します。昔、信州に一人の強欲な老婆が住んでいました。老婆は、知り合いから善光寺へ参拝に行こうと誘われても、お寺を嫌悪して断り続けていたのです。ある日、その老婆のもとに一頭の牛が迷い込んできました。老婆はそれを家に引き入れようと、自分の帯を牛の鼻に結びました。ところがその牛は走り出し、老婆は善光寺の境内まで連れていかれてしまったのです。老婆は慌てて善光寺を飛び出したものの、その体験があったからこそ自分が仏の功徳を理解できるようになった、と後に感じ始めたということです。

振り返ってみると、学生時代には「嫌いだ」「苦手だ」「したくない」と自分で思い込んでいたことが多々ありました。ところが、社会に出ると、否応なしにやらなければいけない場面に出くわします。仕事でも、地域の役割でも、家庭でもそれは言えます。また、やってみると苦手と思い込んでいたことが得意になってしまうことだってありました。人間は、社会的な様々な経験を通して成長するものだと、つくづく思います。

しかし、時折、周りの若い人の中にはかつての私と同じように、「経験の食わず嫌い」をしている人がいることに気が付きます。それは、もったいないことだと思うのです。

また、最近ではどうも、日本企業がそうなってしまっているように感じることがあります。でも、

冬来たりなば春遠からじ（ふゆきたりなばはるとおからじ）

長いながい国の歴史と、その中で苦闘し続けた膨大な数の長寿企業が存在するのが日本です。そして、日々の営みの中で、先人たちは我々に多くの諺を残してくれました。

一念天に通ず（いちねんてんにつうず）

強い信念と自信を持てば、もう一度日本を力強く蘇らせることができるはずです。「日本人はまじめで誠実な働き者」という海外でのイメージをもう一度強固なものにしませんか。そして、諺から感じるような、温かく人情味溢れる日本の社会を守りたいと、私は思うのです。

虎は死して皮を残し、人は死して名を残す
（とらはしてかわをのこし、ひとはししてなをのこす）

最後になりましたが、無名な私のこの本を世に出してくださった本の泉社の比留川洋社長、編集者の森真平様、そしてこの本を手に取ってくださった皆様に感謝します。

二〇一一年三月吉日

毎田雄一

〈主な参考文献〉

横澤利昌『老舗企業の研究』生産性出版、二〇〇〇年
野村進『千年、働いてきました』角川グループパブリッシング、二〇〇六年
J・D・クランボルツ、A・S・レヴィン『その幸運は偶然ではないんです！』ダイヤモンド社、二〇〇五年
時田昌瑞『常識として知っておきたいことわざ』幻冬舎文庫、二〇〇三年
時田昌瑞『いろはカルタの文化史』生活人新書、二〇〇四年
外山滋比古『ことわざの論理』ちくま文庫、二〇〇七年
福井英一『子どもが夢中になることわざのおはなし100』PHP、二〇一〇年
土屋道雄『ことわざで仕事を見る』『ことわざで人生を見る』『ことわざで生活を見る』学校法人産業能率大学
「キャリア・コンサルタント養成講座テキスト」東京リーガルマインド、二〇〇三年
「プレジデント」二〇〇六年二月一三日号／「週刊ダイヤモンド」二〇〇六年一〇月二一日号
「週刊ダイヤモンド」二〇〇七年三月三一日号／「日経ビジネス」二〇〇七年五月二五日号
「日経ビジネス」二〇一〇年四月一九日号／「日経ビジネス」二〇一〇年五月一四日号
「日経ビジネス」二〇一〇年六月二一日号／「世界の統計二〇一〇」総務省統計局

毎田雄一（まいだ・ゆういち）

1958年生まれ。石川県在住。サービス業、製造業での勤務を経て、2003年よりキャリア・コンサルタント。2009年には国家資格・2級キャリア・コンサルティング技能士に合格。大学や行政機関でのキャリア支援業務に従事し、企業で働く人・求職者・学生・教職員などへの支援を行なってきた。現在、「キャリアデザインオフィス・マイダ」代表として、研修・講演・コンサルティング・カウンセリングを実施している。

猫《ねこ》にまたたび　人《ひと》にはキャリア
——仕事《しごと》に活《い》かすことわざ

著者●毎《まい》田《だ》雄《ゆう》一《いち》

2011年3月25日　初版第1刷発行

発行者●比留川洋
発行所●株式会社　本の泉社
〒113-0033
東京都文京区本郷2-25-6
TEL.03-5800-8494
FAX.03-5800-5353
mail：mail@honnoizumi.co.jp
www.honnoizumi.co.jp/
DTP●森　真平
印刷●音羽印刷 株式会社
製本●株式会社 村上製本

Printed in Japan ISBNISBN978-4-7807-0623-9